RAZÕES DO PERDÃO

René Dentz

RAZÕES
DO
PERDÃO

Direção Editorial
Edvaldo M. Araújo

Conselho Editorial
Fábio E. R. Silva
Jonas Luiz de Pádua
Márcio Fabri dos Anjos
Marco Lucas Tomaz

Preparação e Revisão
Isabelle Vieira Lima
Nathália Liberato Varussa

Diagramação e capa
Danielly de Jesus Teles

Todos os direitos em língua portuguesa, para o Brasil, reservados à Editora Ideias & Letras, 2023.

1ª impressão

Avenida São Gabriel, 495
Conjunto 42 - 4º andar
Jardim Paulista – São Paulo/SP
Cep: 01435-001
Televendas: 0800 777 6004
Editorial: (11) 3862-4831
vendas@ideiaseletras.com.br
www.ideiaseletras.com.br

Dados Internacionais de Catalogação na Publicação (CIP) de acordo com o ISBD

D415r Dentz, René

Razões do Perdão / René Dentz. - São Paulo : Ideias & Letras, 2023.
120 p. ; 14cm x 21cm.
Inclui bibliografia
ISBN: 978-65-87295-45-9
1. Perdoar. 2. Perdão. 3. Razões. 4. Humano. I. Título.

2023-306   CDD 158.1
                                        CDU 159.947

Elaborado por Odilio Hilario Moreira Junior - CRB-8/9949

Índices para catálogo sistemático:
1. Autoajuda 158.1
2. Autoajuda 159.947

SUMÁRIO

Prefácio	7
Introdução	9
A liberdade e o perdão: para perdoar temos que ser livres?	13
Será possível perdoar em um mundo dominado por algoritmos?	17
Lembramos de tudo que queremos? A memória é um obstáculo ao perdão?	21
Nossas vulnerabilidades humanas e o caminho para o perdoar	25
Acolher, escutar e perdoar aqueles que possuem mais historicidade	29
Um conto sobre o perdão pós-morte	35
Flutuações humanas	39
Tecnologia e o futuro da humanidade: não necessitaremos mais do perdão?	43
Vamos sobreviver à tecnologia?	47

Soluções práticas, rápidas e irracionais	51
Tempos hiperconectados e a desistência da vida	55
As redes sociais são as grandes vilãs da nossa época?	59
Desafios de nossos tempos para o perdão	63
Por que temos tanta dificuldade com as mudanças?	67
Os vazios contemporâneos	71
Dor e sofrimento	75
A rejeição e a profunda dor	77
Não estamos preparando as crianças para o futuro?	81
Podemos perdoar as escolas?	85
Amar em tempos egoístas e o futuro dos relacionamentos. Será possível perdoar?	89
Para um mundo mais humano: perdão, escuta, empatia, gratidão	95
A fé no mundo atual	99
Sabedoria, amor e paz: fraternidade e alteridade	103
Pais e filhos: gratuidade em tempos do "eu"	109
Existimos no Infinito	113
Gratidão	117
Referências	119

PREFÁCIO

Cris Pàz[1]

"Não guardo mágoa, guardo nomes", brinca meu amigo, ilustrando como costuma ser complexo o exercício do perdão. Em certos casos, quase uma utopia. Tentá-lo já é um belo passo.

Perdoar não é verbo passível de fórmulas – algum verbo o é? Caracterizar a atitude do perdão e seus inerentes desafios parece-me impossível sem considerar o ato, ofensa ou omissão a que se refere. Que feridas resultaram desse ato? Qual é a relação entre quem perdoa (ou quer perdoar) e quem recebe (ou deseja) o perdão? É possível falar do perdão de maneira universal?

É sobre estas interrogações que René se debruça neste livro, em sua paixão expressa pela palavra, paixão esta que aprendi a compartilhar, contagiada pelo autor. Foi a convite dele que dediquei mais tempo a uma reflexão sobre o tema, oportunidade pela qual sou grata.

Me parece impossível desprezar uma palavra que separa o ato do ator, capaz de conceder uma nova chance,

---
1   Comunicadora, escritora, palestrante e colunista da BandNews.

não de erro, mas de vida – a quem perdoa, inclusive. A busca do perdão é colocar amor num lugar ocupado pelo ódio. Uma espécie de ressurreição, porque devolve o ar, devolve a vida – vida porque é humana.

Perdoar-se talvez seja o maior desafio. Perdoar-se, inclusive, por não conseguir perdoar. "Perdoar, sim, esquecer, jamais", diz o outro. Desconfio que o maior obstáculo ao perdão seja o apego à dor. Mas perdoar não é deixar de senti-la. Talvez por isso seja tão difícil e tão fascinante pensar no assunto. O perdão não tem promessas baratas, não tira a dor com a mão. Exige coragem? Talvez. Faz milagres? Nunca. Não garante nada, não apaga o passado nem mesmo da memória.

O perdão não anula a dor, apenas tira dela a armadura cujo peso torna mais árdua a caminhada. A dor não se esvai; ganha mobilidade. Segue adiante, agora não mais desenganada. Mais leve, ganha fôlego e vislumbra nova chance. Candidata-se à reabilitação.

Abrir mão do ressentimento não é deixar de sentir a dor, é desvincular-se dela, permitir-se o alívio de conviver com algo que vem e volta, não mais como parte de si. Realocar a dor em sua história, não em seus traços.

Se não posso mudar o que passou, posso ressignificar o que passou para que passe. O perdão é a resposta – uma resposta que não depende de quem erra para acontecer. Se a culpa está no outro, o perdão mora em mim. É sobre mim que ele fala, não sobre o outro.

"O perdão é um horizonte", diz René Dentz. Um horizonte azul, que nasceu para todos.

INTRODUÇÃO

Durante os últimos anos, ao estudar o tema do perdão, muitas vezes me intrigou o fato de ser uma temática acolhida de forma intensa. O perdão parece ser, ao mesmo tempo, um gesto simples e complexo. Cotidiano e atemporal. Possível e impossível. São diversos os paradoxos encontrados ao redor do ato de perdoar.

Alguns questionamentos aparecem: por que perdoar? Seria uma atitude que levaria à felicidade? Aquele que perdoa é mais feliz? Estará liberto de um mal? Aquele que recebe o perdão se liberta da dívida e da culpa, isso parece mais nítido.

O perdão, em geral, está associado à espiritualidade, normalmente inserido nas reflexões teológicas. De fato, a forma que o cristianismo apresentou o perdão foi fundamental à constituição da nossa cultura, abriu espaço para uma cultura da paz, da não-violência, da reconciliação e da possibilidade de sair de um círculo de ódio e vingança. Por outro lado, o perdão e seus consequentes paradoxos não permite uma motivação utilitária, nem mesmo visando a salvação. Ou seja, não podemos perdoar tendo como motivação a salvação pessoal, como se fosse uma ordem, uma obrigação. Se agimos dessa forma, estamos vivenciando uma espécie de "infância" do perdão. Como se fôssemos crianças que perdoam porque querem continuar a brincadeira. O gesto de perdão exige sinceridade e maturidade psicológica, espiritual e existencial.

Não precisamos alimentar culpa por não conseguirmos perdoar. Muitas pessoas perguntam: "mas eu não consigo perdoar, então sou uma pessoa má?". Definitivamente não! É preciso compreender profundamente dois pontos aqui: primeiro, o perdão deve ser entendido como um horizonte, um processo, um caminho. Assim, é preciso tempo, elaboração de perdas. De alguma maneira, remete ao luto, pois alguma coisa se perdeu. Muitas vezes, a ideia que tínhamos de uma pessoa, a nossa percepção de mundo, o nosso mundo. Então, é um processo que depende de reflexão, elaboração e nomeação. Por isso, também é necessário que se entenda o que foi perdido com o ato que nos atingiu. Até onde foi aquela falta? Quais foram os traumas resgatados? Quais portas fechadas foram abertas por aquele gesto? É comum ver em relacionamentos pessoas confiando excessivamente no outro, depositando, inclusive, o sentido de sua vida. Nesse caso, a ferida pode ser profunda, o mundo daquele que foi ferido pode ter sido desconstruído. Nesse contexto, o perdão ainda será distante, mas é importante que esteja sendo visualizado em seu horizonte. Afinal, existem razões para o perdão? Sim, mas razões que ultrapassam as razões casuais, científicas, filosóficas e até teológicas.

INTRODUÇÃO | 11

O perdão aparece como uma possibilidade humana, como se fosse as "aspas", o "intervalo" da humanidade. O ser humano pode romper com uma lógica aparentemente natural e vivenciar outro rumo. Somos plurais, estamos no mundo como seres em constantes atos. Perdoar é desligar o agente do ato e entender que todo ser humano pode ser mais do que suas ações. O perdão existe! Dele podemos vivenciar dimensões humanas que estavam escondidas, sufocadas e apaziguar existências, talvez reconciliar. O perdão permite a vivência real de encontros e reencontros. É uma aposta última no humano.

A LIBERDADE E O PERDÃO: PARA PERDOAR TEMOS QUE SER LIVRES?

Podemos perdoar se não formos livres? Existe perdão a partir de uma obrigação? Certamente não! Perdoar é um gesto de liberdade, exige um caminho percorrido, consciência e decisão.

Toda vez que a humanidade se depara com situações difíceis, quando as pessoas têm a sensação de que "o mundo já acabou", parece que surge, ao mesmo tempo, o sentimento de que nossas ações são determinadas e perdemos nossa liberdade.

No fundo, o ser humano sempre viveu momentos de tensões. O caos e a ordem convivem mais do que é aparente. Em momentos de crise ou de guerra, soluções inovadoras e humanitárias surgem das cinzas, o humano parece vivenciar maior sentido de solidariedade, para além de crenças e pensamentos fechados.

Dessa maneira, também vivenciamos momentos caóticos que parecem durar para sempre. No entanto, temos sempre a possibilidade de sair do sofrimento ou de, ao menos, encontrarmos um refúgio. Aí está nossa liberdade! O mais genuíno ato livre é aquele que realizamos no momento de adversidade. O nosso universo singular é algo que não podem nos tirar. Nosso "ser no mundo" é único e, por este fator, mantemos nossa possibilidade de "ser livre". Há em nós uma potencialidade de existência. Essa possibilidade sempre atualizada se depara, com frequência, com novos eventos. Ao contrário do que pensamos, não é nossa capacidade racional que nos faz decidir, mas nossa dimensão inconsciente, proveniente dos elementos não-ditos, que estão escondidos em algum lugar do passado. Neles habitamos!

Acontece que, ao longo da vida, nos enganamos. Acreditamos frequentemente que somos determinados pelos sintomas, elementos cotidianos, fixos e repetitivos. Nossa liberdade surge justamente da nossa indeterminação. Nesse caminho, muitas vezes nos distanciamos progressivamente do real, sobretudo do nosso real, de nós mesmos.

Maturidade significa que temos capacidade de rever processos existenciais e refletir sobre nosso horizonte. Na adolescência, não conhecemos ainda nosso corpo, nossos desejos e nosso mundo, por isso nos apegamos a tudo e a nada ao mesmo tempo. Hoje, muitos vivem na eterna "sensação adolescente" de experimentar a vida, ter constantes e incessantes experiências que, supostamente, colocariam aquela pessoa em uma camada vital mais profunda, como se algum segredo fosse revelado. É claro que a vida apresenta elementos inesperados e angustiantes em algumas situações. No entanto, são esses elementos que permitem um olhar próprio mais sincero. Em um momento de luto, esse processo é cada vez mais perceptível. Ao invés de vivenciar a trágica, mas humana, perda, alguns depositam a salvação em medicamentos ou até mesmo na prática de um novo esporte. Algumas pessoas tentam determinar seu destino de forma aparentemente organizada, sintomática. Essa rigidez pode esconder medos, e neles estão escondidas nossas singularidades (que podem permanecer desconhecidas). Nos elementos aleatórios também está situada nossa liberdade.

É natural nos indagarmos e intrigarmos com as possibilidades de caminhos não trilhados. Nossa imaginação vai longe, pois o "se" abre espaço para o desejo e para pensamentos atraentes. Não podemos jamais esquecer que nosso caminho é traçado por uma mistura de decisões conscientes e de elementos inesperados. O que somos hoje é reflexo de instantes significativos do passado; boa parte deles não nos recordamos completamente. Nessa reunião de possibilidades vividas do passado, vivemos, habitamos nosso presente, em constante atualização com as novidades que o cotidiano proporciona. Entender que a nossa existência é um conjunto de caminhos e possibilidades, passadas e futuras, as quais nem sempre controlamos e conhecemos, é sinal de maturidade. Somos eventos no mundo.

SERÁ POSSÍVEL PERDOAR EM UM MUNDO DOMINADO POR ALGORITMOS?

Perdoar é um ato profundamente humano. Quando conseguimos encontrar um caminho diverso ao da lógica da reciprocidade, pudemos seguir rumos efetivos à construção de uma humanidade em direção à evolução. Mesmo convivendo com a vingança, o perdão passou a ser uma possibilidade evolutiva e ética.

Mesmo que tenha vínculos teológicos, perdoar se mostrou um caminho humanitário, cultural e efetivo para todos. Perdoar é um processo, o fim de uma trajetória de memória, de trabalho de luto. Não é fácil, mas é possível. Pressupõe um ato de liberdade! O ser humano se depara, ao longo da sua existência, com diversos possíveis (por vezes, imaginários) determinismos: sociais, biológicos, psíquicos, culturais etc. Em tempos pós-modernos, cada vez mais nossas ações serão definidas por algoritmos. Alguns apostam mesmo que a utilização de algoritmos na tomada de decisão será cada vez mais frequente. Hoje já confiamos a eles a escolha do filme que iremos assistir ou da música que iremos ouvir. Nos próximos anos, o *Big Data* e a Inteligência Artificial irão se aperfeiçoar a ponto de tomarem decisões por nós! É o alerta que faz o historiador israelense Yuval Noah Harari:

> Escolher o par romântico a partir de modelos preditivos que mostrem os possíveis cenários ao se envolver com determinada pessoa. Escolher a profissão e a carreira com uma busca no Google, que, a partir dos algoritmos e as informações armazenadas que possui do usuário, analisaria os pontos fortes e fracos do indivíduo e ofereceria uma resposta. Escolher em qual candidato votar em uma eleição (HARARI, 2019).

Poderemos confiar mais nos algoritmos do que em nós mesmos?! Já temos uma tendência a delegar nossas decisões aos outros, seguindo nosso padrão infantil (na infância precisamos da condução dos outros, somos "manipulados", naturalmente, pelas figuras materna e paterna). Além disso, a maioria das pessoas não conhece bem a si mesma e ainda comete erros na hora de tomar qualquer decisão. Ao contrário da IA, o ser humano segue afetos e se perde comumente em ações não refletidas. Dessa maneira, vamos delegar cada vez mais atividades para os algoritmos, o que pode nos levar a esquecermos como tomar decisões por nós mesmos.

Então o perdão não existirá mais? Ou todos seremos programados para perdoar? Não há sentido nisso. Somente podemos conceber o perdão e suas possibilidades se partirmos de concepções de liberdade. Por isso, em contextos ditatoriais não presenciamos perdão em dimensões políticas, sociais e humanitárias. A lei do "olho por olho, dente por dente" prevalece em ditaduras. O ódio supera a razão e é institucionalizado. No entanto, quando pensamos em democracias, temos que ter como ponto de partida uma razão discursiva, construída de forma dialógica, que nos mostra a construção e a desconstrução de verdades absolutas. Dessa forma, é possível constatar universos de atuação humana complexos, não-lineares. Elementos aleatórios, caóticos e até mesmo horizontes da ordem do não-dito, do inconsciente, são considerados. Ou seja, entende-se, nesse contexto, o ser humano em sua devida complexidade, fugindo de concepções deterministas e simplistas.

Por mais que o futuro nos reserve um mundo dominado por algoritmos, o nosso horizonte pode se manter como aquele da liberdade, das escolhas, pois habitamos em nossa subjetividade, estamos-no-mundo enquanto liberdade, no ato, no instante.

LEMBRAMOS DE TUDO QUE QUEREMOS? A MEMÓRIA É UM OBSTÁCULO AO PERDÃO?

"Quem nós somos" vai sendo constituído por elementos externos que nossa mente absorve ao longo da nossa vida. Somos a consequência de conexões, pessoas, falas, pensamentos, imagens, emoções, afetos, sonhos, pesadelos etc. O meio social em que vivemos, a família, os amigos; são várias as fontes de influências.

Muitas vezes nossa memória nos engana ou apresenta seus limites. Temos a sensação de ter vivido algo no passado, mas quando tentamos lembrar, nos escapa. Quando lembramos entram elementos afetivos, inconscientes, por isso não conseguimos controlar e determinar o que recordamos.

Algumas pessoas imaginam que vivenciaram traumas por meio de abusos na infância, mas, na realidade, não foi bem assim. Em outros casos, a pessoa viveu de fato, mas não lembra com certeza, pois o trauma foi tão forte que gerou um bloqueio da memória.

A memória tenta resgatar elementos sensoriais, que geram impressões em nossa mente. No entanto, a imaginação aparece como um elemento que preenche vazios.

Assim, surgem, por exemplo, as falsas memórias. Completamos os fatos através do mecanismo de aproximação e semelhança. Aí está a formação das notícias falsas, aproximamos afetivamente elementos ou dados que não possuem uma relação necessária. A maioria dos nossos pensamentos surgem de relações, mas estas muitas vezes não são fundadas na racionalidade necessária ou na experiência. Quanto mais bons afetos vivemos, mais lembramos. Por isso, no campo da educação, é preciso gerar o desejo e o interesse, sob pena de que aquele conteúdo seco e frio seja brevemente esquecido. Algumas vezes, os traumas não são esquecidos, são insistentes e atormentam em excesso. É preciso deslocá-lo, inconscientemente, para outro lugar.

O ato de rememorar refere-se a uma lembrança do que já aconteceu no passado, por isso ele é inseparável do tempo; está intimamente ligado à temporalidade pois o ato de lembrar já implica algo que aconteceu há um determinado tempo. Existe uma diferença fundamental entre a lembrança e a memória. A lembrança retoma os fatos em ordem, como se não tivesse acontecido um passado; a coisa não vem mais, a imagem da coisa que vem. As lembranças são sempre no plural, já a memória é tratada no singular e com capacidade. Por esse motivo, a memória da infância é tão significativa em nossa vida. Se temos uma memória apaziguada, é porque estamos em dia com o passado. Se não lembramos nada ou pouco, alguma coisa aconteceu! É preciso investigar... Se recordamos algo traumático (um sinal disso é a vivência de pesadelos contínuos), é preciso elaborar a origem desse trauma e seu entorno.

O perdão pode ser pensado como um uso "poético" da memória, que propicia a superação da falta de memória ou do esquecimento excessivo, bem como do excesso de memória, o que permite o trabalho da lembrança e a narrativa das histórias do passado de outra forma. Perdoar passa a ter a função de ressignificar um trauma ou uma dívida do passado. O perdão dirige-se não aos acontecimentos cujas marcas devem ser protegidas, mas à dívida cuja carga paralisa a memória e, por extensão, a capacidade de se projetar de forma criadora no porvir.

NOSSAS VULNERABILIDADES HUMANAS E O CAMINHO PARA O PERDOAR

Não é fácil ouvir de outros que devemos ter força de vontade, ou que ela nos falta diante de um comportamento negativo repetido ou mesmo compulsivo. Por mais que sigamos orientações de amigos e colegas, as dicas ou fórmulas mágicas parecem não funcionar conosco. No fim, acabamos adicionando mais culpa ao nosso cenário particular já difícil. Será mesmo que conseguimos mudar comportamentos que consideramos ruins com força de vontade ou seguindo padrões de comportamentos prescritos? Definitivamente não! Por isso mesmo, não precisamos ter culpa por não conseguir, pois não é esse o processo.

Não podemos negar dois fatos acerca do ser humano: primeiro, que agimos a partir de desejos que não são construídos no presente, uma vez que os momentos presentes são constantemente tentativas de suprir vazios e lidar com desejos do passado. Em segundo lugar, que esses desejos não são evidentes, não estão escritos em um diário, ao contrário, eles são de uma ordem mais complexa, a do não-dito. Jacques Alain Miller, importante psicanalista francês, nos mostra que o real não pode ser concebido apenas como "necessário", isto é, a partir da permanência das leis, na forma do superego ou do impossível. Claro, o real está relacionado com o impossível – no sentido do impossível de simbolizar –, mas também com a contingência. Se a experiência analítica dá acesso ao real, ela o faz por meio da contingência: contingência de transferência, de manifestações sintomáticas e de conhecimento. Em última instância, o processo de análise permite um maior fluir do inconsciente, retirando as fantasias infantis, por vezes permitidas por traumas passados.

Nossa vulnerabilidade está presente em diversos momentos humanos: quando nascemos estamos em extrema dependência dos outros, somos colocados em um colo, vulneráveis. Quando morremos, também a dependência surge intensamente. Somos vulneráveis na morte.

Dessa forma, alcançamos uma convicção psicanalítica de que o corpo humano possui um excesso de sentido, que não pode ser manipulado pela razão e pela ciência. "Isso porque aqui estariam os registros desejante e pulsional do corpo, irredutíveis que seriam ao conceito de organismo" (BIRMAN, 2001, p. 58). O desamparo humano desloca-se de sua possível passividade para uma tomada de decisão da finitude como gramática genuinamente existencial. Um não temer a morte como horizonte que impulsiona a vida a se construir, alicerçada numa esperança de gratuidade. Mais ainda, a ousada profecia de que "são precisamente eles, os justos da história, quem nos sustenta na consciência agônica vivida como experiência de viver até o último suspiro. Uma existência niilista enquanto é vivida nos limites de si mesmo" (MENDOZA, 2011, p. 191).

A contingência do saber se manifesta no significante concebido como signo: signo de gozo, que, ao contrário do significante, não se emparelha com outro. É um conhecimento que não pode assegurar o sujeito, porque é um conhecimento sem sentido. Por isso, não conseguimos e nunca conseguiremos encontrar uma racionalidade que nos permita alcançar um autoconhecimento pleno. O signo não é o significante mestre a ser identificado no tratamento, o traço unário do trauma, delegado da verdade inconsciente, mas um simples efeito de gozo: o signo é suficiente e nada busca, e, sobretudo, não quer saber de nada!

A dimensão de vulnerabilidade é o horizonte humano em suas possíveis e sublimes singularidades.

ACOLHER, ESCUTAR E PERDOAR AQUELES QUE POSSUEM MAIS HISTORICIDADE

Apesar de termos consciência da nossa condição de finitude, ainda insistimos em afastar sinais do envelhecimento e buscamos, por vezes, de forma neurótica, evitar qualquer aspecto de vulnerabilidade relativa à idade.

Primeiro, é preciso dizer que não devemos pensar de forma engessada, sempre a partir de padrões. Padrões são violentos, na maioria das vezes. O ser humano pode viver de forma mais livre e dentro de um fluxo de criação. Criar, buscar o novo, pode ser um horizonte melhor e até mesmo mais humano.

É comum escutar na clínica como as pessoas se culpam por viver fora de um determinado padrão imposto. A idade é corporal, mas cada vez mais é nítido e evidente como a mente afeta o corpo, para o bem ou para o mal. Com isso, mais e mais pessoas estão buscando ressignificar suas vidas e encontrando desejos novos a cada dia, independentemente da idade. Por outro lado, muitas vezes as mudanças encontram resistência na própria família, que se acostumou a ver todos os seus personagens em um lugar comum, que não existe mais, mas muitos não dão conta de entender esse fato, pois as mudanças do outro desafiam, instigam. Querer manter as pessoas no mesmo lugar sempre é um ato de violência simbólica. Entender que podemos "viver até a morte" não é simples e trivial. Somos levados a pensar sempre que a vida é feita de início, meio e fim. É uma lógica social e histórica que se mostra perversa. Afinal, viver no fim é angustiante.

Há beleza na vulnerabilidade. O problema é quando está fora de expectativas cruéis e não é entendida em sua singularidade. Não é fácil a vivência do horizonte da exclusão. A beleza está na experiência, nos traços dos anos, do viver cotidiano, de tantas e tantas relações e alteridades efetivadas. Estar no mundo por mais tempo alarga a historicidade, a densidade da existência e a afetividade, mesmo que em erros e equívocos. A saga humana foi mais presenciada em todos os seus paradoxos e contradições.

O etarismo (preconceito contra idosos) é sinal patológico de nossos tempos. Nossa sociedade quer quase sempre o superficial, o efêmero e o instantâneo. Como todo preconceito, é preciso combatê-lo profundamente, em suas raízes. Devemos tomar cuidado em não o reproduzir pela linguagem. Frases violentas podem surgir do núcleo familiar da pessoa: "você já é velha ou velho para usar esta roupa ou para frequentar determinados lugares", "não dá mais tempo de você fazer isso", "sua época já passou" e "você está muito bem para a sua idade", como se cada idade tivesse um roteiro pré-determinado que todos os que estão em processo de envelhecimento devessem seguir. Precisamos entender, de uma vez por todas, que o ser humano pode se reinventar e não existe nenhum roteiro escrito para a nossa existência, nós é que o escrevemos ao viver.

Além disso, outro caminho fundamental do respeito aos idosos é o do olhar atento e o da escuta empática, uma escuta que possa ter como horizonte o perdão. Entender os limites da época é necessário, mesmo que nem tudo seja aceito e reconciliado. Os erros ocorrem por traumas do passado, por limites de entendimento de determinada geração, mas um outro olhar pode prevalecer, motivado pela empatia, compaixão e vulnerabilidade do outro.

Nossa sociedade, apesar de todos os desafios e caminhos que tem ainda para percorrer, avançou em qualidade e expectativa de vida. Em razão disso, cada vez mais será necessário um olhar sobre a questão ética e humanitária para cuidar daqueles que possuem mais idade. O primeiro aspecto que precisamos mudar é a visão de que o idoso não serve mais para a lógica do mundo. É preciso escutar e entender em sua fala a construção de uma lógica de época, para compreender erros e acertos e a necessidade de mudança. É importante entender os limites da época e sua dificuldade em ver outros caminhos. Por outro lado, também é preciso compreender que há beleza nos anos, beleza que surge na vulnerabilidade. É uma característica paradoxal. Muitas pessoas idosas na clínica dizem: "mas não tem nada de 'melhor idade'". De fato, o corpo frágil, a saúde debilitada e as vulnerabilidades aparentes são aspectos que podem levar facilmente à depressão. Além disso, muitas vezes é o momento em que surgem arrependimentos, sentimento de frustração, e quando as emoções se misturam, se mostram confusas. Também é muito comum o sentimento de não-pertencimento ao mundo em que os outros vivem. Uma sociedade que não valoriza a experiência, os traços dos anos e não acolhe as vulnerabilidades humanas é uma sociedade doentia.

Muitas vezes, o que aquela pessoa tem como expectativa é a escuta atenta do outro, algo que nosso meio tem perdido, pois queremos apenas falar e projetar nossas frustrações. Há algum tempo, conversava com um amigo, professor de uma universidade portuguesa; ele me dizia que a situação na Europa, de um modo geral, é tão triste que, se em mais países fosse permitida a eutanásia ou o suicídio assistido, é bem provável que um número alto de idosos iria pedir ao Estado para ajudar a finalizar sua própria vida. Em muitos países há uma expectativa de vida elevada, mas os idosos de hoje possuem poucos filhos, que, em sua maioria, cresceram em uma sociedade muito individualista, incapaz de reconhecer o outro.

Ora, esse cenário é trágico. O desenvolvimento social não pode esquecer ninguém! Parece que o ideal de fraternidade não andou junto ao de igualdade e liberdade.

Não é fácil sentir-se cada vez mais próximo da morte, notar o corpo frágil e atestar concretamente a finitude humana. Por isso, é muito necessário que seja um momento de acolhimento e que nos demos as mãos. Se estivermos mais próximos ao humano, podemos verdadeiramente construir uma sociedade melhor. Aos jovens, seria muito bom escutar mais seus avós e entender outras gerações, seus limites, mas também suas virtudes, sobretudo sua disposição ao trabalho e a necessidade que teve de iniciar responsabilidades muito cedo.

Outro aspecto importante é entender que, quando tentamos afastar neuroticamente as marcas dos anos e a morte, simplesmente nos privamos das belezas humanas. Cada vez é mais comum ver pessoas que cuidam do corpo e negligenciam a mente. O corpo humano porta as marcas da narratividade, nossas histórias, afinal, nossos "eus" foram vividos nele; não estamos na "nuvem", mas sim em uma temporalidade existencial. No olhar, no rosto de uma pessoa que viveu muitos anos, existe uma beleza que remete ao infinito, que busca no mais profundo sentido humano o sagrado.

UM CONTO SOBRE O PERDÃO PÓS-MORTE

Após seis atendimentos pela manhã, Jorge havia feito algo raro em sua trajetória de psicanalista: separou a tarde para não fazer atendimentos. Naquele dia, sua atividade clínica continuaria em outro espaço: um cemitério. A princípio o leitor poderia pensar: será que esse psicanalista surtou? Depois dos 50 anos e centenas de casos árduos, entre psicoses e neuroses, havia chegado sua hora de apresentar psicopatologias complexas?

Não parecia ser esse o caso, afinal, Jorge sempre exerceu atividades paralelas que permitiam a manutenção da sua sanidade; a mais profunda e eficaz delas era a escrita. Durante sua trajetória até então, havia publicado 15 livros, dentre ensaios, poesia e contos.

Em uma era de tecnologia e pós-modernidade, a humanidade acredita ter criado uma inovação revolucionária, que seu amigo de faculdade, um psicólogo cognitivista, doutor em inteligência artificial e neurociências, o havia apresentado: um dispositivo que liga a vida e a morte, estabelecendo uma possível comunicação entre vivos e mortos. Logo que seu amigo, Vítor, apresentou essa descoberta, que une psicanálise e neurociências, pois permite a abordagem inconsciente, ele não cogitou fazer alguma coisa que havia aparecido diversas vezes em seus sonhos e pesadelos: apresentar aos mortos os traumas escutados, aqueles que foram motivo de sofrimento profundo de seus analisandos e que foram causados por pais, mães, avós, já mortos, mas que cometeram graves erros no passado, com consequências até aqueles dias. Em sua prática clínica, percebeu a parte verdadeira do dito popular mexicano: "Os mortos habitam em nós".

Então Jorge havia separado aquele momento, aquela tarde, para ir ao cemitério da cidade histórica, onde atendeu nas últimas décadas. Apesar de não morar na cidade e nem lá ter nascido, conhecia mais do que ninguém a cultura e as pessoas. Afinal, sabia de fatos que até Deus duvida.

Interessante é que essa descoberta permitia apenas aos psicanalistas a atuação clínica. Afinal, era necessária uma conexão inconsciente do analista com aqueles mortos. É como se o morto estivesse presente na mente, mesmo que no âmbito inconsciente, daquele profissional. Assim, ele poderia se conectar com os mortos. Mas era preciso também a presença de um símbolo do defunto. Como muitos analisandos diziam ter destruído toda lembrança física do seu parente perverso, só restava ir direto aos seus túmulos, suas últimas provas físicas nesse mundo.

Chegando ao cemitério, caía uma chuva fina. Era início de tarde. Procurou então o túmulo de Afonso Costa. Era um pai perverso, que havia abusado de uma analisanda que sempre viveu com culpa, se achava profundamente um lixo e tinha seu corpo como inimigo. Chegando ao túmulo, disse o analista: "Sr. Afonso, sua filha vive em tristeza, conseguimos elaborar bastante, nomear os traumas e ressignificar sua trágica presença em sua vida".

Sr. Afonso diz: "Agora estou distante, mas consigo acompanhar em flashes a vida da minha filha. Vejo claramente como foi terrível minha existência. Apanhei dos meus pais, não via a diferença entre o bem e o mal, tinha prazer em repetir os erros. Achei também que nenhuma atitude minha faria diferença na vida dos meus filhos, mas vejo a diferença que fiz, para o mal. Não consigo me desconectar desse mundo por causa disso".

"Pois é, Sr. Afonso, a sua filha está quase elaborando o perdão, mas para isso ela precisa ter um gatilho, alguma lembrança que possa ser positiva que conectava vocês."

"Ela era muito pequena, tinha 5 anos, mas eu trouxe uma boneca para ela, voltando do meu turno à noite. Logo cedo passei numa loja e levei essa boneca. Foi um dos poucos dias que senti paz no coração e consegui praticar o bem". "Ah, sim. Então na próxima sessão vamos abordar esse tema. Obrigado. Creio que poderemos alcançar o estágio de perdão pós-morte".

Agora Jorge iria a outro túmulo. Tinha uma lista de dez. Mas provavelmente naquela tarde não seria possível, a chuva estava aumentando. Então iria em apenas mais um por hoje.

"Sr. Manoel Cruz, o senhor está aí?"

"Sim, estou mais ou menos. Minha existência está ainda confusa, pois fiz muito mal. A paz ainda está em demasiado distante da minha morte".

"Pois é, Sr. Manoel, o senhor foi muito violento com seus filhos. Era uma família de 16 filhos, dez homens e seis mulheres. Sobretudo os mais velhos apanharam muito. Os mais novos sofriam ao presenciar a dor dos outros. Atendo três atualmente e já atendo outros três. Dois deles já tentaram tirar a própria vida. O senhor consegue agora, depois da vida, notar a consequência de seus atos?"

"Sim, consigo. Por isso não tenho paz. Eu achava que o castigo era o melhor caminho. Se não batesse neles eu simplesmente estaria criando bandidos. E isso eu não queria! Mas hoje vejo que violência não gera paz e a educação dos filhos não deveria ser assim. Infelizmente estava preso e limitado às tradições da minha época, foi preciso sair da vida para perceber os limites dos anos".

"Então, Sr. Manoel, o que podemos trazer à memória de bom ato? Aquele momento, que pode ter sido raro e até mesmo único, que pode servir de caminho para o perdão?"

"Um dia um ladrão entrou em nossa casa e eu disse que ninguém encostaria um dedo nos meus filhos e em minha esposa, ninguém os machucaria. Hoje vejo que essa frase foi fora de lugar, pois eu os machucava. Mas naquele dia senti nos olhos dos meus filhos alívio. Creio que esse momento pode ser o único de paz que vivemos. Pode ser recordado como proteção, talvez, com um certo esforço, até como cuidado e, com muita imaginação, como carinho".

FLUTUAÇÕES HUMANAS

O ser humano não consegue lidar com incertezas, na maioria das vezes. Diante de um contexto de crise ou de complexidades aparentes, a tendência é que ele se apegue, tente encontrar terreno firme em alguma característica ilusória, tendo a sensação de que o problema foi amenizado.

Essa característica também pode ser verificada em algumas armadilhas que caímos. Por exemplo, achamos que um determinado trabalho nos dará sempre garantias de tranquilidade ou estabilidade. No entanto, por vezes nos encontramos extremamente desmotivados, sem achar sentido naquela atuação, e facilmente podemos nos encontrar em estado depressivo nesse caminho. Também achamos, ilusoriamente, que um trajeto determinado da vida, alguma escolha, pode trazer paz. Alguns acham que podem encontrá-la na família, com filhos, cônjuge, e, em algum momento, percebe que há mais infelicidade do que bons momentos. Outros imaginam que a liberdade de não se conectar em relacionamentos sérios com alguém pode trazer a paz, mas, em algum momento, podem perceber também que o tempo passou e podiam ter arriscado mais.

No fundo, a nossa existência é uma mistura de segurança e incertezas. Precisamos valorizar o que já fizemos e dali tirar motivações para ir mais longe. O equilíbrio é o caminho do meio, mas, por vezes, precisamos encarar as incertezas, lidar com ambientes caóticos, buscar a reinvenção. Ressignificar, reinventar nosso caminho não é começar do zero. Isso nunca será possível e não adianta insistir nessa direção. O universo do possível passa por reconstruir trajetórias através de mudanças de rumos, mas somos nós que estamos e sempre estivemos ali. A mudança sempre pode apresentar elementos positivos, mesmo que nos traga uma sensação de vazio. Precisamos encontrar nela motivação, desafios que impulsionam nosso cotidiano ao novo. Esse processo também funciona quando tratamos de relacionamentos amorosos, pois o bom relacionamento é aquele que nos mostra um novo horizonte, que implica em mudança e que nos mostra diferenças.

Vivemos em movimentos de flutuação, entre a ordem e o caos. Não adianta pensar que vamos encontrar felicidade plena, paz e tranquilidade absoluta. Ninguém pode nos garantir isso.

Estamos em temporalidade, não conseguimos sair dela, o tempo é nossa condição. Como dizia o escritor argentino Jorge Luis Borges: "negar a sucessão do tempo, negar o eu, negar o universo são desesperos aparentes e consolos secretos... o tempo é a matéria de que sou feito. O tempo é um rio que me arrebata, mas eu sou o rio; é um tigre que me destroça, mas eu sou o tigre; é um fogo que me consome, mas eu sou o fogo. O mundo, desgraçadamente, é real; e eu, desgraçadamente, sou Borges" (BORGES, 2001, p.148).

TECNOLOGIA E O FUTURO DA HUMANIDADE: NÃO NECESSITAREMOS MAIS DO PERDÃO?

Estamos entrando em uma época que filósofos e pesquisadores de diversas áreas têm chamado de "Era do Transumanismo". Trata-se de uma convergência entre ser humano e máquina, por meio de uma perspectiva de mecanismos híbridos.

É verdade que, nos últimos anos, cada vez mais temos a sensação de que a tecnologia é ilimitada e estamos gradativamente mais inseridos em estruturas que não são nossas. Hoje a humanidade pensa a partir de estruturas externas, longe da razão, por isso o número crescente de negacionismos. Além disso, em um mundo altamente conectado através de dispositivos, temos afetações e afetos mais parecidos. Ou seja, estamos vivendo uma era de extrema afetação tecnológica. Esse processo é ainda mais grave quando não percebemos sua gradativa implementação.

Por outro lado, se pensarmos bem, o que seria nossa dimensão natural? Não seríamos uma espécie que sempre lidou e foi impactada por "tecnologias" ou "técnicas" externas ao nosso corpo? Por exemplo, quando começamos a manipular o fogo, pudemos viver de forma mais sedentária, deixando de ser nômades e construindo mais efetivamente cultura, símbolos, religiões. Esse caminho foi possível também pela invenção da linguagem, que permitiu uma vivência ampliada do passado, a construção de memória individual e coletiva. Além disso, nosso conhecimento sofreu uma tremenda expansão, por meio de acúmulo e possibilidades infinitas.

O nosso próprio corpo foi sendo alterado pelas transformações ao redor. Viramos, ao longo de nossa evolução, seres construtores de estratégias de conhecimento para a sobrevivência. No entanto, a cultura ocidental seguiu um caminho de valorização do abstrato, do metafísico, focalizando aquilo que estivesse mais próximo a um mundo ideal, esquecendo comumente o real. A própria condição corporal e finita do ser humano passou a ser vista dentro de um sentimento de negatividade, que um dia poderia ser superada. Nesse ponto que são retomadas as discussões transumanas. O que queremos com a construção de seres híbridos: meio humano, meio máquina? Queremos alcançar "utopias contraditórias", vencer a morte, nossa condição de finitude (que porta uma profunda angústia que ainda não aprendemos a lidar). Para isso, será preciso negar a própria vida, nossa historicidade e nossa corporeidade. É perceptível como as pessoas hoje estão cada vez mais transformando seus corpos (inclusive seus rostos) de forma semelhante, padronizados e artificializados.

Existe uma previsão realizada por alguns institutos de pesquisa em transumanismo, biotecnologia e inteligência artificial de que estamos próximos a declarar o "fim da morte". A ideia é que, nesse caminho híbrido, cada vez mais poderemos substituir órgãos afetados por artificiais. Além disso, nosso corpo será monitorado quase por completo, podendo acusar doenças previamente e tratá-las de forma precoce. Somados a esses avanços está também o campo da nanotecnologia, pois teremos capacidade de fazer intervenções no corpo humano com procedimentos minimamente invasivos.

Ora, aqui parece surgir um paradoxo crucial. Em um mundo onde nunca presenciamos tantos casos de depressão, tanta ansiedade e, tragicamente, muitas pessoas desistindo da própria vida, como viveremos 150 anos? Teremos que descobrir novos desejos e compulsões? Teremos que alienar mais ainda nossa existência? E teremos que viver a angústia mais profunda de decidir sobre a nossa própria morte? São desafios existenciais que vamos viver em breve.

VAMOS SOBREVIVER À TECNOLOGIA?

Em um mundo hiperconectado como o que vivemos, os fenômenos acontecem de forma acelerada, intensa, mas sem que os percebamos claramente. Nas últimas semanas, destacaria dois exemplos dessa característica atual: o primeiro é a proliferação de assassinatos em massa nos EUA. Em um país em que a autodefesa sob o argumento de liberdade pessoal (argumento inserido em um contexto do século XIX), vivencia-se a barbárie. Em diversos lugares do mundo, existe bullying e afetações, mas nem por isso presenciamos tantos casos de atiradores em escolas, igrejas etc. O fato que chamo a atenção é para muitos desses eventos terem foco em espetacularizações, filmados pelo próprio autor e inseridos em streamings de jogos. Vivenciamos a era da barbárie do simulacro. O fato é que o modo de fazer direciona o desejo de tantos outros.

Outro exemplo é relacionado aos casos de suicídio. Como pessoas que queriam tirar a própria vida, sobretudo para finalizar um profundo processo de dor, se deparam como uma "concretização" daquela "vontade" que estava difusa e confusa.

Vivemos no mundo em que estamos perdendo a liberdade. Somos direcionados a comprar determinados produtos e, cada vez mais, a bolhas e universos que pesquisamos previamente. Dessa forma, vamos aprofundando nosso mundo particular limitado, criando a ilusão de sua autossuficiência, quase como máquinas.

Em muitas palestras as pessoas têm me perguntado: será que ainda temos liberdade? A teremos no futuro próximo? Será que nossa condição humana prevalecerá? Uma vez uma pessoa indagou: "Professor, haverá ainda humanos daqui a 100 anos?" Pode parecer absurda e surreal esta dúvida, mas em um mundo em que cada vez mais se fala em seres híbridos, talvez estejamos nos tornando tecnológicos e máquinas gradativamente, apagando nossa condição humana.

Minha resposta: o ser humano não será substituído! Por que mantenho o otimismo, caro leitor? Paradoxalmente, nossa condição humana se manterá devido às suas características que consideramos, muitas vezes, "negativas", próximas ao vazio, não controláveis.

Não será possível reproduzir a consciência humana. Por mais que as neurociências tenham avançado e avançam em direção ao conhecimento computacional do cérebro e da realidade, a noção mais básica do nosso "eu", o que permite-nos reconhecer nossa existência, não é reproduzida. É a característica que permite nossa memória, nossa linguagem e nossa percepção. A memória, por exemplo, não é apenas o acúmulo de dados do passado, mas, acima de tudo, a interação do passado com a fluidez do presente, a sua constante atualização, possibilitada pela consciência. Vivemos vários eventos, mas sabemos que somos nós. Um robô não lida com o aleatório, com o caos, com o imprevisível, justamente porque não sabe que existe. Por isso mesmo, não se angustia com sua finitude, com a morte. A angústia advinda da finitude nos indica a dimensão poética, da criação, da transcendência, permite-nos olhar além, ao infinito. Não, um robô não se relaciona com o infinito, o inefável, o poético e o mistério. Ele não cria o novo a partir de elementos não-racionais, cognitivos. Um robô não sonha e não possui dimensão inconsciente.

Dessa forma, não será possível criar um robô com história e com corpo. Sem esses elementos, ele não terá presença no mundo, se manterá na condição de objeto. O que nos efetiva como humanos é apenas advindo da nossa condição: a morte, o corpo, a história, a consciência. As máquinas não possuem desejo, não estão em relação, não possuem afeto, não vivem nenhuma alteridade.

SOLUÇÕES PRÁTICAS, RÁPIDAS E IRRACIONAIS

A tecnologia permitiu muitos avanços e, acima de tudo, oportunidades, acessos a novas tendências, a pensamentos diversos, a modos de vida que não teríamos contato. No entanto, no campo do conhecimento, quanto mais rápido ele se concretiza, mais erros e fora do âmbito racional (por vezes científico) está. É verdade, nem todo saber está relacionado à razão, mas às vezes à intuição. Quando digo racional, de forma alguma quero afirmar uma razão dualista, cartesiana, que parte da separação absoluta entre corpo e mente. Podemos pensar racionalidade aqui de forma discursiva, construída de modo consensual e por meio do diálogo. É o caminho que pode, efetivamente, aprofundar e amadurecer democracias. Ao contrário do que muitos têm pensado, a democracia é, sim, o "melhor dos mundos", mas deve ser aprofundada e vivida de forma efetiva. O mundo da pós-verdade, dos negacionismos, é o mundo que constantemente fere os ideais democráticos, pois acaba flertando constantemente com totalitarismos. Dizia o filósofo austríaco Karl Popper, em seu livro *A Sociedade Aberta e Seus Inimigos*: "Não devemos aceitar sem qualificação o princípio de tolerar os intolerantes senão corremos o risco de destruição de nós próprios e da própria atitude de tolerância". É gravíssimo ferir os princípios democráticos em uma sociedade constitucionalmente democrática. Nosso horizonte deve ser sempre ampliado em direção a esses princípios.

Dessa forma, decisões políticas devem ser fundamentadas em um grau de razoabilidade. O bem comum deve ser pensado nesse contexto. Não se pensa politicamente pelas redes sociais, em bolhas e universos paralelos. É necessário estudar, pesquisar minimamente a história, entendendo o mundo e a sociedade em que vivemos.

A famosa frase do escritor italiano Umberto Eco elucida o que dizemos nessa coluna: "as redes sociais deram voz a uma legião de imbecis, antes falavam apenas em um bar e depois de uma taça de vinho, sem prejudicar a coletividade". O problema é aprofundado quando pessoas que detêm o suposto saber também começam a fundamentar seus conhecimentos em banalidades. Há consequências, pois palavras e ideias ecoam como nunca antes; estamos em tempos de hiperconectividade, e os afetos nunca antes contribuíram tanto para formação de opinião.

Outro importante filósofo da ciência, o americano Thomas Kuhn, dizia que a ciência se estrutura em paradigmas, em cinco etapas: 1) a pré-paradigmática, na qual coexistem diversas correntes; 2) a paradigmática, na qual se chega a um acordo relativamente aos pressupostos básicos da caracterização do objeto a estudar, dos problemas a resolver e das técnicas analíticas a utilizar; 3) a da ciência normal, na qual as regras do esquema hegemônico se mantêm; 4) a da crise, na qual surgem problemas resistentes às ferramentas conceituais e instrumentais em uso; 5) a da revolução, na qual um paradigma mais antigo é total ou parcialmente substituído por um novo.

A psiquiatria (por vezes também outros campos da saúde mental), por exemplo, parece estar vivendo a fase pré-paradigmática. No passado, era uma ciência que se fundamentou em práticas violentas, propondo intervenções violentas ao corpo. Depois, a era medicamentosa imperou, também, em muitos casos, artificializando sujeitos, criando dependência. No entanto, hoje, diante de tantos desafios relativos à saúde mental e tantas afetações emocionais, esse "fundamento" parece ser insuficiente. Contudo, outros tantos entram em ação: meditação, práticas holísticas, espiritualidade e até apelo a leituras de autoajuda ou mesmo uma simples conversa que resulta em dicas. Tudo isso pode ser praticado por pessoas, mas não por profissionais que supostamente devem propor práticas que passaram por críticas acadêmicas e "revisão por pares".

Qual a saída? Para a sociedade: ser crítica e tentar conhecer para além das redes. Para os profissionais: estudo, espírito investigativo e de pesquisa e nunca apelar a qualquer conhecimento diante de dúvidas e desafios. Novamente para a sociedade: duvidem de profissionais que não apresentam senso crítico e que propõem soluções fáceis e miraculosas, sem questionar nada. Por mais Professores e menos *Coachings*.

TEMPOS HIPERCONECTADOS E A DESISTÊNCIA DA VIDA

Cada vez mais escuto pessoas de diversas idades afirmando que o mundo já acabou. Contextos de pandemia, guerra e crise parece ter acelerado essa percepção. Se olharmos atentamente a História, vários momentos foram considerados o pior pelas pessoas que neles viveram. O próprio Apocalipse de João, último livro do Novo Testamento, foi escrito a partir da crença de que o fim dos tempos estaria próximo. A vivência das duas grandes guerras mundiais do século XX foram muito desanimadoras. De igual modo, gerou um profundo desencantamento do mundo, das ciências, das religiões, da ética, da humanidade.

Em muitos momentos o ser humano perdeu a crença na sua capacidade de pensar e agir coletivamente e "humanamente". Em diversas épocas, através de relatos e pesquisas historiográficas, conseguimos chegar à conclusão de que ocorreram altos índices de suicídio. Sobretudo em momentos de pós-guerra, há uma dificuldade em entender e assimilar as dores, as perdas e continuar a vida.

Hoje estamos presenciando um elevado número de pessoas que desistem de viver. Quais seriam as diferenças e particularidades de nossa época? A meu ver, o aspecto singular de hoje é a extrema conectividade. Nunca a humanidade esteve tão conectada como agora. Sabemos de tudo, de todos, o tempo todo. Essa característica não porta, como alguns imaginam, apenas pensamentos parecidos ou disseminação de *fake news* e criação de negacionismos. Mais do que aspectos cognitivos, a alta conectividade impacta os afetos. Estamos muito afetados. Uma simples imagem vista nas redes sociais não passa despercebida pela nossa mente, sobretudo em sua dimensão inconsciente. Por isso mesmo, muitas pessoas têm apresentado problemas de insônia, seja porque estão relaxando passando seu feed ou stories antes de dormir, seja porque o fazem durante a madrugada, quando acordam, apresentando dificuldade em retomar o sono. Nosso inconsciente é captado e gatilhos são realizados por causa de imagens.

Em relação ao suicídio, esse fenômeno também é presenciado. Em alguns contextos, sobretudo em comunidades menores, todos ficam sabendo que alguém tirou a própria vida e, comumente, sabem o porquê e o modo. Mesmo que as mídias oficiais tenham cuidado e ética, as redes sociais não demonstram a mesma característica.

Quem tira a própria vida quer, acima de tudo, parar de vivenciar uma dor profunda, na maioria das vezes não nomeada e insuportável. São diversos motivos, que raramente se aproximam e assemelham. É um ato extremo. Quando a pessoa visualiza e idealiza (transforma vontade em ideia, desenha mentalmente aquilo) o ato, ele se torna muito mais possível e provável.

É preciso alertar cada vez mais as pessoas das armadilhas do tempo hiperconectado que estamos vivendo. Precisamos nomear e elaborar traumas, reconhecer nossas vulnerabilidades. A busca pelos profissionais de saúde mental deve ser cuidadosa, o processo analítico ou terapêutico deve impactar e mudar (fazer refletir e sentir); se isso não acontece durante um tempo, é preciso buscar um novo profissional. O campo psíquico é complexo e exige crítica, escuta atenta e constante espírito investigativo.

AS REDES SOCIAIS SÃO AS GRANDES VILÃS DA NOSSA ÉPOCA?

Recentemente vimos novamente o debate sobre a influência das redes sociais em nossas vidas ganhar força. Há alguns anos, a motivação da discussão era referente às *fake news* e sua influência em eleições pelo mundo, ferindo substancialmente o processo democrático. Agora a questão é mais voltada à influência das redes na saúde mental, sobretudo de crianças e adolescentes.

Vou aqui deixar minha posição sobre o tema. De início, gostaria de deixar claro que não penso que o problema seja necessariamente a rede social, mas o elemento humano que está por trás dela. Em todas as épocas, algum fator de "canalização" de vazios e faltas se apresentou ao Homem. Como o ser humano é um ser com muitos vazios, não é raro que algumas propostas brevemente apareçam como salvadoras, geralmente trazendo um elemento violento e enganador. Em gerações passadas, quando não se encontrava um fator como esse, geralmente a falta era preenchida pelos vícios, álcool e mesmo violência psíquica e física.

Quando a discussão é direcionada ao campo da influência do mundo virtual sobre as crianças, temos que ter cuidado. É claro, o virtual é negativo quando serve de fuga da realidade. De fato, muitas crianças estão se encontrando mais no mundo virtual do que no real. Mas aí isso não seria um problema do real? Talvez ele não esteja se apresentando como uma opção agradável. Aliás, seriam os jogos virtuais hoje, mesmo os que são aparentemente violentos, mais prejudiciais do que as práticas violentas de bullying que eram negligenciadas pelas escolas (são menos hoje) no passado? O mundo "real" da rua não era propriamente um mundo de paz. As agressividades humanas eram demonstradas de forma real. Aliás, nas épocas mais violentas e bárbaras que a humanidade presenciou não existia nem mesmo computador, o mundo estava desconectado.

Outra contradição me parece relevante. É verdade que as redes sociais se tornaram território de livre opinião e sem grandes critérios. De fato, por isso mesmo, *fake news* proliferaram, e fomos vivenciando cada vez mais uma era da pós-verdade, onde tudo é válido, tudo é crença, a época do "acredito, logo existe". No entanto, será mesmo que deveríamos delegar a "verdade" a instituições ou a empresas (grupos editoriais ou jornalísticos?). É claro que existem jornalistas e jornalismos sérios, mas também existem mídias manipuladas por grandes grupos e jornalistas que são generalistas, estudam pouco e acham que podem opinar sobre tudo. O Brasil já viveu interferência clara em eleições por parte da grande mídia. Em um mundo sem as redes sociais, a figura da "autoridade", dos "círculos intelectuais", é mais presente. Bolhas existem, sim, nas redes sociais, mas também existem em meios acadêmicos, em universidades, em grupos políticos, em meios artísticos. Nas redes sociais podem ser mais numerosas, pulverizadas. A informação pode ser criada por mentes rasas, mas também por gente séria, que pesquisa, interage com o mundo. E não é preciso pedir bênção a grupos fechados, tipo seitas secretas.

Diria também que há um elemento interessante nas redes. As pessoas não limitam seu "parâmetro de vida". Antigamente, o círculo da família era a única realidade de uma pessoa. A família poderia ser vista como seu único universo e horizonte possível. E se a família fosse machista? Homofóbica? Neurótica? E você fosse foco desses elementos patológicos? Hoje em dia, a família ainda afeta muito e esses elementos de subjetividade ainda são motivos de sofrimento. No entanto, aquele sujeito que está inserido em um contexto de atraso e exclusão, pode saber que existem pessoas do outro lado do mundo que vivem como ele. O mundo pode ser visto como maior, de maiores possibilidades, como um horizonte livre.

O problema não parece estar com as redes sociais ou com a tecnologia, mas com o humano que está situado atrás dela. Devemos cuidar do humano; se ele estiver bem, os problemas não serão constantes. Portanto, caro leitor, o mais fundamental é estar atento, cuidar da humanidade por trás das redes, a nossa e a do outro. Que selecionemos mais nossas conexões, que conheçamos mais nós mesmos e o mundo, em pensamento e afeto. O círculo das redes sociais pode ser vicioso, mas mais ainda virtuoso!

DESAFIOS DE NOSSOS TEMPOS PARA O PERDÃO

Ainda podemos falar em felicidade?

Felicidade é um tema abordado por filósofos, poetas, religiosos e tantos outros que buscaram encontrar algo próximo ao sentido da vida. Para Aristóteles, a finalidade humana é a busca pela felicidade. Se pararmos para pensar, de fato, não haveria nada mais importante na nossa existência do que ser feliz. Todas as outras dimensões deveriam convergir para a busca de uma vida feliz.

Essa busca é incessante, mas algumas vezes o ser humano demonstra muita ansiedade e se apressa em dar respostas e fixar um caminho para a felicidade. Nesses momentos, ele se equivoca. Afinal, ele busca a felicidade e encontra uma existência sem liberdade, onde todos os caminhos não pensados como importantes são ignorados. Não podemos fixar e limitar caminhos da nossa vida. Sempre teremos que fazer escolhas, e essa é uma das dimensões para a vida feliz: estar sempre aberto às possibilidades e às mudanças. É comum ver na clínica psicanalítica pessoas que perdem completamente o sentido da vida após um término de relacionamento, de uma demissão do trabalho ou quando se aposentam. Todos esses processos devem ser vividos enquanto lutos, como transições existenciais. Ao contrário, muitas vezes a grande dificuldade é iniciar o processo de luto, de desapego.

Por vezes, também, as pessoas acham que ser feliz pode ser alcançado de forma prática. Quantos e quantos livros de autoajuda não foram lançados com a promessa de entregar uma vida feliz? E se pensarmos nos medicamentos? A indústria farmacêutica está cada vez mais voltando suas pesquisas (mais do que em outros setores de medicamentos) para a síntese entre neurociências, comportamento e inteligência artificial. Qual o motivo disso? Além de gerar muito dinheiro, é uma forma de controle. De fato, em muitos momentos da história, alguma forma de poder tentou estabelecer caminhos únicos e necessários à busca pela felicidade. Como falamos acima, não há nada mais importante do que esse tema, então a ciência também se volta a ele e promete entregar bons resultados. Ora, por que então, se temos tantos livros com fórmulas para a felicidade e tantos medicamentos psicotrópicos, nunca presenciamos tantos casos de depressão, ansiedade e suicídio como agora?

Precisamos aprender a lidar com a liberdade para buscarmos a felicidade. Contudo, em um momento em que entramos na era das decisões por algoritmos, o que podemos decidir? Será que ainda temos e teremos, em breve, liberdade? Não tenho dúvidas de que, se a humanidade perder seu potencial de decisões livres (mesmo que mantenha uma pequena possibilidade), não poderá ser feliz. Não seremos felizes sendo robôs; máquinas não são felizes ou tristes, simplesmente não fazem parte do mundo-da-vida.

A felicidade é resultado de um horizonte humano ampliado, de uma memória apaziguada, de escuta, de alteridade, de empatia e de desejos bem elaborados. Os filósofos estavam certos: não é possível ser feliz sem buscar conhecer a si mesmo e sem a prática do bem comum. O maior equívoco do século XXI é: ninguém pode ser feliz sozinho. Narcisistas parecem ser felizes, mas encontram brevemente a melancolia proveniente de um mundo sem sentido, o seu mundo solo.

POR QUE TEMOS TANTA DIFICULDADE COM AS MUDANÇAS?

O ser humano é um ser que vive o desamparo desde sua mais tenra idade. Já no nascimento, estamos em condição de tamanha vulnerabilidade que nos resta apenas o colo e a simbiose com a figura materna. Por volta de um ano e meio de idade, rompemos essa simbiose e começamos a conhecer o real, com todos os seus desafios e atrações. Nesse momento, nos tornamos seres de desejo, portanto, de falta, de ausência. O vazio sempre vai ter um lugar, de alguma maneira, mas precisamos lidar bem com ele, não o evitando neuroticamente.

Ao longo da vida, diversas mudanças são impostas, positiva e negativamente. Muitas vezes, em ambas as situações, insistimos em não mudar. Acontece, por exemplo, no caso de relacionamentos abusivos. A pessoa se apega tanto ao outro, que ilusoriamente parece preencher seu vazio, e não consegue visualizar o quanto aquele relacionamento está fazendo mal. Esse processo pode demorar anos, com muito sofrimento e graves afetações na autoestima. A pessoa não muda porque fixou o outro como sintoma, abrindo mão de elaborar seus traumas de forma adequada. Depois, precisa recolher os cacos deixados por aquele momento e se reconstruir.

É necessário entender que o ser humano é um ser de possibilidades, não é determinado por um só caminho. No entanto, muitas vezes vive mecanismos psíquicos que o prendem e fixam em um lugar. Todo mundo pode buscar encontrar sua melhor versão. E, sim, existem várias versões de um ser humano. Por isso mesmo o perdão pode se tornar uma realidade. Nesse caso, um autoperdão, uma vez que aquela pessoa que estava presa a processos narcisistas e perversos do outro precisa se perdoar e não mais ter como visão de si mesmo um ser humano de extrema vulnerabilidade e carência, que ficou nas mãos do outro. Esse sentimento gera muito sofrimento, comumente a pessoa se acha incapaz, presa e até mesmo um "lixo" (palavra que traz um significante de muito impacto).

A mudança é também difícil por outro aspecto. Ela é uma transição, é como se estivéssemos vivendo um "já e ainda não", uma espécie de limbo. Ou seja, nos livramos de momentos ruins do passado, mas os momentos de promessa ainda não se concretizaram, não são realidade, estão no universo de possibilidades. É grandioso o ser humano ser um ser de possibilidades, mas ele não pode ficar para sempre nesse lugar, pois se torna angustiante. Ele precisa se determinar (mesmo que não seja para sempre), arriscar, colocar os pés no chão e caminhar.

Por último, é importante dizer que nossos atos impactam os outros, de alguma forma. Veja, por exemplo, na família. É muito comum presenciar na clínica pessoas que sofrem porque seus pais não elaboraram seus traumas e os projetam em seus filhos, algumas vezes em um deles mais intensamente. Geralmente essa projeção vem como consequência de frustrações, por não conseguirem ou não terem, no passado, conseguido mudar. Assim, a mudança pode exigir um ato de coragem, gerar sofrimento, mas não mudar pode gerar horizontes longínquos de traumas.

OS VAZIOS CONTEMPORÂNEOS

O excesso funciona hoje como organizador dos afetos e dos sentimentos. O que é o excesso contemporâneo? Primeiro, é preciso entender o que chamamos de "excesso". É sempre algum ato que realizamos de forma constante e incessante, na condição de ruptura. Está na ordem do incontrolável, apesar de parecer uma forma de controle e organização da vontade. O sujeito se situa diante de algo que o ultrapassa, mas pensa canalizar para alguma atividade, adentrando o campo da ilusão. No entanto, não é uma ilusão gerada por ideias, mas por ações, o que aprofunda ainda mais sua sutileza. Esse mesmo sujeito em breve encontra um sentimento de impotência, necessitando mais e mais. O que ele encontra, em última instância, é uma paralisia psíquica.

Para tentar circunscrever a experiência traumática, o psiquismo lança mão da compulsão à repetição para isolar e procurar controlar desesperadamente a irrupção inesperada. Dessa maneira, a repetição pretende realizar ativamente a recriação do trauma, para que o psiquismo possa antecipar-se agora, o que não pôde fazer quando este se produziu. A repetição, assim, é uma tentativa de antecipação para evitar o vazio (FREUD, 2018).

A partir desse movimento, o sujeito pretende transformar a sua relação com o evento inesperado, buscando transmutar o imprevisível e caótico em algo organizado, que está submetido ao seu controle e à sua vontade.

Vemos hoje um empobrecimento de narrativas e, consequentemente, das simbolizações disponíveis. Quando existem, estão na ordem das compulsões alimentares, dos exercícios físicos repetitivos, das drogas, do álcool, dos jogos, dentre outras. Esse movimento provoca, socialmente, uma sensação de diminuição na possibilidade de previsão dos acontecimentos. Quando vivencio as repetições, está tudo bem. Mas não é possível em todos os momentos.

Nesse contexto, o pânico se torna uma realidade. A subjetividade se encontra impotente diante dos acontecimentos caóticos. Em um mundo complexo, que possibilita a combinação de diversos fatores e atores sociais, a sensação do caos e do trágico é cada vez mais comum.

O fantasma da possibilidade real da morte aparece. Ela passa a ser algo possível, não mais distante. O estresse aparece nesse contexto, se configurando a partir de um colapso do psiquismo. Este tentou encontrar instrumentos para controlar o caos, mas eles se mostraram insuficientes.

A consequência mais evidente é a de que o sujeito não controla a realidade ao redor e nem a sua realidade interna. A partir desse momento, vivencia progressivamente uma sensação de abismo, uma completa falta de sentido no existir. O eu e o psiquismo perdem efetivamente sua potência. É a potencialidade de ser que é assim atingida no seu âmago, mas se manifesta inicialmente pela impossibilidade de fazer e de agir. O medo de se perder se impõe. O fantasma da perda de si se mostra real. A despossessão de si se anuncia assim como uma problemática crucial no mal-estar contemporâneo (BIRMAN, 2021).

DOR E SOFRIMENTO

Vivemos, no mundo contemporâneo, um aprofundamento de dores que não se transformam em sofrimento. A subjetividade que estamos vivendo não permite mais facilmente estabelecer essa transformação. A dor é uma experiência do sujeito, vivenciada de forma isolada, com ele mesmo. Não existe nela a experiência de abertura ao outro, não há alteridade. A vivência de um lamento e de passividade são marcas da dor, existindo a esperança de que alguém ou algo a retire. Por isso, hoje presenciamos pessoas que acreditam que o parceiro amoroso ou os amigos irão trazer a salvação, fazer a dor desaparecer. Quando percebem que isso não acontece, não dão conta de si e do outro, e surgem as violências em diversas formas. Também acreditamos cegamente que os medicamentos cessarão a dor. Enfim, processos que não permitem a simbolização da dor para que ela seja inserida em sua temporalidade, não apenas na espacialidade, no aqui e agora.

O sofrimento é vivência, é alteridade. Nele, o tempo atua. Por isso, permite a ressignificação e a superação do ressentimento. "A interlocução do sujeito com o outro evidencia uma experiência eminentemente temporal, pela qual o discurso assume formas eminentemente simbólicas" (BIRMAN, 2021). Ao sofrer, o sujeito se projeta para dentro e fora de si ao mesmo tempo. O sofrimento nos situa em dimensões humanas, em nossa corporeidade e historicidade.

O sofrer pode então ser narrado, alcança um nível de linguagem. É possível, com ele, encontrar correspondências em outros indivíduos e vivenciar uma das dimensões mais belas e profundas da humanidade: a identificação do humano com o humano.

Ao contrário, inserida na cultura do ressentimento, a nossa subjetividade atual se mostra demasiadamente narcísica, não permitindo abertura ao outro, com o qual constantemente rivaliza. Ou seja, não é possível pedir ajuda, fazer um apelo. É uma atitude não muito aplaudida, pois releva uma "fraqueza", uma dimensão vulnerável.

Enfim, a subjetividade contemporânea não consegue transformar dor em sofrimento, pois há pouca possibilidade de diálogo e interlocução. Dessa maneira, o sujeito é jogado em um abismo, não encontra sentido. Seu corpo, então, se apega a sentidos imediatos, espaciais, fora das temporalidades que nos permitem vivenciar alteridades e nossa própria humanidade!

A REJEIÇÃO E A PROFUNDA DOR

Rejeição é uma das constatações mais danosas ao ser humano. Determinada pessoa entender que foi rejeitada por outra porta um sentimento de desamparo. Ao contrário do que muitos pensam, é um sentimento que está mais vinculado e vivido nas relações familiares originárias do que nas conjugais. A rejeição dentro de um relacionamento amoroso pode ser ressignificada com mais facilidade do que quando vivida e geralmente não nomeada dentro do seio familiar, entre pais e filhos, por exemplo.

Muitos pais tiveram seus filhos sem muito preparo emocional para tal. Em alguns casos, precocemente e, em outros, nunca deveriam ter tido. Paternidade e maternidade não são naturais ou pré-existentes, mas construídas diariamente. Para que esse belo caminho seja concretizado, é preciso que haja desejo e que a figura paterna e materna tenha elaborado suas questões psíquicas, seus vazios, suas neuroses, minimamente. Caso contrário, os filhos exercerão lugares de projeções. Algumas vezes, nem existirão no desejo do progenitor. Sim, existem pais e mães que rejeitam e até mesmo rivalizam com os filhos, como se estes fossem inimigos. É claro que esse processo não é dito claramente, mas de forma velada e inconsciente. Por isso é fundamental que as pessoas hoje reflitam mais sobre seus desejos. Não é necessário ser pai ou mãe. Também não é proibido, é possível encontrar belíssimo e profundo sentido nessas missões.

Rejeição também aparece muitas vezes como ausência. Se em determinada relação não existe prioridade, o sentimento de ser periférico na vida do outro impacta profundamente. É muito comum escutar na clínica psicanalítica que pais e mães preferem seus trabalhos a seus filhos. O trabalho é importante para o ser humano, carrega sentido, mas, em muitos casos, é uma fuga. A dinâmica laboral pode ser mais facilmente racionalizada, enquanto as relações familiares são mais complexas e afetivas, mas também mais efetivas. Até mesmo é cada vez mais comum ver pessoas que, hoje, na maturidade, conseguem ser melhores avós do que foram como pais. No entanto, o tempo não volta, não é possível ressignificar a relação pais-filhos, apenas apaziguá-la. O que ficou na formação da personalidade na infância marca. Depois, é possível elaborar traumas. Além disso, os avós não são os pais, essa substituição pode ser, em muitos casos, danosa e até ilusória. Se os pais são nomeados como tais, não é possível substituí-los. O vazio vai existir.

Em outros casos, a rejeição é demonstrada por uma falta de desejo dos pais pela vida. Um dos elementos mais difíceis de serem vivenciados pelo ser humano é a dor de perder os pais por suicídio. É gerado um sentimento de profunda rejeição, como se o filho não tivesse sido suficiente para o pai – ele não foi visto como sentido para sua vida.

Por isso, caros leitores, vamos cuidar de nossas relações. Vamos cuidar de nós mesmos para cuidar bem dos outros. Como dizia o poeta, músico e compositor Renato Russo: "Meu filho vai ter nome de santo, quero o nome mais bonito". O simbolismo do nome perpassa o desejo, e, incrivelmente, "a verdade não há"; a nossa verdade é única e indestrutível, é o que nos torna irredutíveis. Sendo assim, "é preciso amar as pessoas como se não houvesse amanhã". O perdão é possível, mas, se existiu rejeição, vira uma realidade distante.

NÃO ESTAMOS PREPARANDO AS CRIANÇAS PARA O FUTURO?

Nos últimos tempos tem surgido uma discussão, em alguns meios, acerca da necessidade de as crianças de hoje terem mais senso de realidade. Mesmo que haja alguma razoabilidade nessa afirmação, penso que cabe uma reflexão mais crítica e atenta.

É verdade que gerações do passado tiveram que aprender a viver e a lidar com situações difíceis da vida de forma nua e crua. Sem dúvida, diante da dificuldade e da adversidade, o ser humano cresce. No entanto, por outro lado, muitos não tiveram oportunidade de expressar suas angústias, que foram, na maioria das vezes, canalizadas para vícios ou sintomas, como o trabalho obsessivo. O campo da emoção raramente era abordado.

As adversidades são necessárias, mas devem ser bem vivenciadas, de modo que se tire delas reflexões e consequentes aprendizados. O afeto é o principal caminho! O que falta hoje não é maior rigor na educação formal e nem mesmo na educação familiar. O que vem se ausentando é o exemplo, bem como o afeto ou o tempo. Exercer maternidade ou paternidade é, sim, doação e a escolha de um belo caminho de vida, menos centrado em si mesmo, menos egoísta. Viver controlando as próprias emoções é um delírio contemporâneo, de uma sociedade que pensa apenas em seu próprio umbigo e não quer de forma alguma se desestabilizar. Há uma crença paranoica de que, se não tiver filhos, a pessoa controla mais sua vida em todos os sentidos. Ora, o ser humano que busca o tempo todo a harmonia, encontra o vazio da falta de sentido ou se torna escravo de causas menos nobres.

Como vivemos uma transição de desejos de gerações, há muita confusão. Muitas pessoas não refletiram bem sobre as escolhas e sofrem hoje as consequências deste fato, se encontram em crise de sentido.

A tendência em dizer que as crianças fazem muita manha e não estão preparadas para o futuro, para enfrentar adversidades, surge de uma sociedade líquida que quer resolver de forma simples e prática (ao mesmo tempo que ineficaz e irrefletida) seus problemas. Além disso, essas afirmações comumente são feitas por pessoas que possuem uma visão rasa da realidade, que entendem ser o seu modo de vida o único possível a todos, que deve ser necessariamente imitado e tido como exemplo. É possível, sim, que essas pessoas tenham preparo para algumas funções, mas deixam de vivenciar tantas outras dimensões da vida, aquelas da ordem da reflexão, da afetividade, da criatividade.

É preciso mostrar o mundo, estar próximo, inserir as crianças na realidade. Isso sim! E esse processo deve ser realizado de forma progressiva, sempre com atenção, observação e cuidado. Diria que é um processo semelhante ao da psicanálise: desconstruir com uma mão e segurar com outra. Acontece que, muitas vezes, há muita ansiedade no meio do caminho, pois pais e mães de hoje querem acertar o tempo todo, se preocupam, em alguns casos, em alcançar a perfeição, mas acabam excedendo.

Por fim, é muito importante dizer que não vamos encontrar fórmulas prontas em livros que nos indiquem caminhos certos, muito menos em exemplos de crianças estrangeiras, francesas![1] Aliás, é uma forma de atuar proveniente da autoajuda extremamente criticada por colegas psicanalistas franceses. O que precisamos sempre lembrar é que afeto, cuidado e presença são ingredientes fundamentais à boa educação e que, dessa maneira, estaremos preparando gerações de crianças para um futuro sadio e para uma humanidade melhor.

---

1 Referência ao livro *Crianças francesas não fazem manha*, de Pamela Druckerman

PODEMOS PERDOAR AS ESCOLAS?

O bullying é uma realidade tão antiga quanto a escola, intensificado com a universalização do ensino no Brasil, quando presenciamos uma maior diversidade nesse ambiente. No entanto, apenas nas últimas duas décadas que começamos a nomear e identificar esse grave problema social no contexto escolar. A fase escolar é um momento de muita importância na vida das pessoas, pois passamos muitos anos nela, e esse período é crucial para a formação da personalidade e adesão a diversos comportamentos. Assim, pode ser um momento, também, de instauração de traumas e bloqueios de diversas ordens.

Presencio na clínica problemas de diversas ordens: pessoas que não conseguem falar em público por terem sido ridicularizadas na sala de aula diante de uma fala equivocada, que teve como consequência o riso de colegas, por exemplo. Em paralelo, é comum encontrar pessoas que tiveram significativos problemas em sua autoimagem por causa de brincadeiras de colegas no passado. Há duas décadas, era comum escutar das escolas que os problemas de comportamento não eram tarefa e missão educacional em recreios e ambientes não escolares. Hoje, grande parte do bullying é realizado justamente nesse ambiente não-escolar, virtual, iniciado e continuado, porém, pela escola. O ambiente virtual, que aparenta ser sem lei e sem responsabilidade, é um prato cheio às práticas violentas. Dessa forma, a escola não teria como atuar? Definitivamente tem, e é sua responsabilidade juntamente com os pais. A escola precisa, de uma vez por todas, entender que é seu papel fornecer uma educação integral. Assim, seu aluno deve ser ético, e, se não for, será preciso intervir. Nos nossos tempos, cada vez mais o conhecimento é acessível, mas a mudança de comportamento não. Quero dizer, trabalhar temas como personalidade, emoções, comportamentos e ética é de uma ordem mais complexa e deve ser feito por uma via mais individualizada, ao mesmo tempo que coletivamente. Não tenho dúvidas de que, cada vez mais, as empresas irão valorizar atitudes comportamentais, experiências singulares e histórias pessoais, e menos formação acadêmica pura. Quantas pessoas sabem muito, mas não conseguem apresentar no ambiente de trabalho a sempre atual "inteligência emocional"?

Costumo dizer que a nossa sociedade conquistou liberdades, e isso é ótimo. Contudo, na mesma proporção dessa conquista, é preciso aumentar as responsabilidades. Se a escola possui diversos instrumentos de formação, por que não buscar nos seus egressos as consequências do bullying negligenciado? Talvez fosse um mecanismo de catarse importante para muitas pessoas e ainda de perdão e reconciliação com a própria escola, com colegas e consigo mesmo. Além disso, seria um excelente exercício para a escuta e para estar mais atento aos problemas futuros. É uma proposta que já passou por situações judiciais, mas que, a meu ver, deve avançar em direção ao caminho de uma justiça restaurativa. Vejo muitas pessoas na clínica que perderam sua liberdade psíquica por causa de negligências escolares do passado.

AMAR EM TEMPOS EGOÍSTAS E O FUTURO DOS RELACIONAMENTOS. SERÁ POSSÍVEL PERDOAR?

O amor nos tempos do egoísmo, em nosso século, apresenta formas de relação muito específicas, diferentes do que gerações passadas presenciaram. Amor não é uma força transcendente ao eu, como se viesse do destino. Alguns tentam encontrar segurança, certezas e acabam mergulhados em paranoias sem fim. No fundo, tudo o que leva para longe do humano passa também longe do amor. Tudo o que colocamos fora da subjetividade para dar conta do que sentimos pode nos apresentar armadilhas. O problema é que há uma tentação de identificarmos o nosso eu com um elemento controlável.

O filósofo suíço Jean-Jacques Rousseau, ao meditar sobre as primeiras e mais simples operações da alma humana, percebe o princípio do amor de si e caracteriza-o como princípio anterior à razão, que "nos interessa ardentemente ao nosso bem-estar e à nossa conservação". O amor de si é "a fonte de nossas paixões, a origem e o princípio de todas as outras, a única que nasce com o homem e nunca o abandona enquanto ele vive". Amor de si é sinal de boa saúde mental e faz bem para todos.

No entanto, ele não pode ser confundido com egoísmo, quando é exacerbado.

O amor romântico, por sua vez, foi uma ficção construída historicamente. O interesse pragmático deu lugar ao afeto, o que, sem dúvida, foi um ganho. Há uma mudança no motivo do relacionamento. No entanto, estamos vivendo outro paradigma social. Há um amor em desencanto. É preciso saber que o momento do encantamento é ilusório. Precisamos nos aproximar do real, suportando frustrações e atestando vulnerabilidades. O outro é um reflexo, mas não de forma ideal. A relação com ele é uma desconstrução. É algo totalmente contrário ao mundo narcisista atual. Afinal, vivemos um mundo de supervalorização do eu, e, por isso, não são muitos que estão dispostos a suportar a vulnerabilidade do outro, muito menos a sua própria.

Na tradição ocidental – filha da cultura grega –, o amor está próximo ao descontrole, como se estivesse longe da razão e próximo ao *páthos* (palavra utilizada para "patologia" e para "emoções"). Esse dualismo talvez não seja a melhor forma de analisar o humano. Desde o início de nossa vida, somos colocados em lugares que não nos é comum, lugares ideais e lugares reais, corporais e mentais, mas somos construídos em uma unidade. Não somos dois!

Esse é o mundo onde o habitar é movido pelo inevitável, onde tudo parece atender à urgente necessidade que a tudo sacraliza. Rebusca as longínquas terras da infância e, na potencialidade ali resguardada – no encantamento sem reservas, lá onde nos desvencilhamos do medo de estar entre o dizível e o indizível -, encontra modos para desconstruir a obviedade existente. Conclama-nos a penetrar por frestas da subjetividade, da liberdade individual, conscientes de que, no império do necessário e da impossibilidade, não há sujeito, não há liberdade, tampouco criação (BÊTA, 2012, p. 28). Embora não se trate de negar que o ser humano tenha uma tarefa a realizar, a luta pela ética é a luta pela liberdade, ou seja, luta para que possamos experimentar nossa "própria existência como possibilidade ou potência" (AGAMBEN, 2007, p. 9).

A sabedoria do amor é a compreensão do real a partir de uma significação original, mais original que a própria realidade, que exclui qualquer pretensão de conhecimento fechado ou sistemático, tanto no presente como em qualquer futuro previsível (LÉVINAS, 2006, p. 12). Essa renúncia não é o fracasso de um conhecimento limitado que comprove a grandeza do labor que se tem proposto, mas algo que se estabelece de antemão – uma compreensão do real e suas consequentes revelações humanas.

Ao longo dos anos, na clínica psicanalítica, é comum escutar muitas ilusões. Pessoas se iludem de diversas formas. Uma delas, talvez a mais frequente, é a de que alguém vai conseguir suprir todas as suas demandas e seus vazios emocionais, principalmente em um relacionamento amoroso. É comum até mesmo haver uma cobrança do parceiro nesse sentido: ao outro, é cobrado a felicidade. Nada mais ilusório! Como toda ilusão e fantasia, com o tempo se desconstrói. Essa transferência emocional ao outro acaba por gerar dependência e, então, há um grande risco de estarmos vivendo um relacionamento abusivo, pois a outra pessoa pode facilmente nos controlar. Mesmo que isso não aconteça, certamente haverá um desgaste crescente, porque uma falta será sempre apontada: a da incompletude.

Deveríamos pensar os relacionamentos a partir de outro prisma. Por que nos relacionamos? Não é porque nos falta algo. Se fosse assim, quem não se relaciona deveria ser a pessoa mais completa existente. Definitivamente não! A falta e o vazio não são pressupostos ao relacionar-se. Os traumas devem ser bem tratados, elaborados, de forma individual (mesmo que muitas vezes com pedidos de ajuda profissional). Nunca as consequências traumáticas devem ser colocadas como responsabilidade do outro que convive conosco diariamente. Assim, os relacionamentos devem ser vistos a partir das "diferenças". O que gera admiração no outro que é diferente de mim? Muitas vezes não suportamos a diferença, e isso diz muito acerca da nossa personalidade. Por outro lado, quando estamos abertos ao diverso, podemos nos enriquecer. As famílias, em sua maioria, não entendem isso, acreditam que um padrão deve ser seguido sempre, respeitando uma tradição única e reproduzindo características de geração em geração. Não há riqueza nisso. Não há abertura e nem alteridade. Em última instância, diria mesmo que o que existe nesses casos é o medo da diferença.

A diferença nos tira da mesmice, do lugar comum que nos prende, podendo gerar admiração, desejo e superações; permite-nos alcançar estratos da nossa mais profunda camada humana. O relacionamento assim vivido permite a liberdade e o crescimento mútuo. É um relacionar-se fundamentado no respeito à humanidade e à singularidade do outro. Sobre a importância da diferença, o filósofo francês Jacques Derrida nos diz:

> Tudo no traçado da diferença é estratégico e aventuroso. Estratégico porque nenhuma verdade transcendente e presente fora do campo da nomeação pode direcionar à totalidade. Aventuroso porque essa estratégia não é simples no sentido em que orienta nossa vida a um desígnio final, um *telos* ou um tema de uma dominação, de um controle ou de uma reapropriação última do movimento (DERRIDA, 1991, p. 38).

A diferença nos lança em um universo indefinido, desafiador, mas que permite adentrar horizontes humanos admiráveis.

PARA UM MUNDO MAIS HUMANO: PERDÃO, ESCUTA, EMPATIA, GRATIDÃO

POR QUE DEVEMOS ESCUTAR MAIS E MELHOR?
PARA ALCANÇAR A EMPATIA E O PERDÃO.

Vivemos em um mundo onde tudo está conectado: afetos, pensamentos, amores, ódios, conhecimentos. Também vivemos em um mundo onde tudo está distante: pessoas, sentimentos, vidas reais. Uma época de contradições é a nossa. Mas temos a chance de mudar o rumo. Pela experiência clínica, vejo que cada vez mais as pessoas correm sem direção, se enganam e se apegam em muletas provisórias, estão ansiosas e próximas à depressão.

Um bom caminho e necessário ao nosso tempo é o da prática da empatia. Precisamos buscar entender o outro. Parece algo fácil e um clichê, mas como devemos iniciar esse processo e por que temos dificuldade de realizá-lo?

Uma resposta possível é que nos apegamos a um modelo único de vida e de mundo, normalmente o nosso mundo. Temos características constitutivas da nossa personalidade que tendem ao narcisismo, então acreditamos que o que é nosso, em diversos âmbitos, é melhor. O contrário também é verdadeiro: muitas vezes achamos que não temos nada de bom e que não podemos assumir nada dos outros, não temos essa condição. Em ambas as situações, o outro e seu mundo estão distantes, como colocados diante de um muro.

Uma atitude que deve ser levada a sério é a da escuta. Parece algo fácil e banal, não é mesmo? Contudo, é algo extremamente raro hoje em dia. Será que a maioria das pessoas hoje consegue escutar o outro (pais e filhos, colegas de trabalho, cônjuges, amigos) durante dez minutos, atentamente e sem dar alguma opinião direcionando o problema ou a conversa para uma resolução? Escutar implica em silêncio, e o mundo em que vivemos tem muito ruído. Somos incapazes de escutar o outro, sob uma cultura da indiferença. Escutar é um gesto coletivo. Somente a partir da escuta podemos entender a diferença e é pela diferença que avançamos em nossa dimensão humana.

A escuta é tão necessária e, por vezes, complexa que alguns autores chamam a atenção para sua importância, como o escritor alemão Goethe (1749-1832): "Falar é uma necessidade, escutar é uma arte". Também Zenão (334-263 a.C.) afirmou: "A natureza deu-nos somente uma boca, mas duas orelhas, de modo que nós devemos falar menos e escutar mais".

Uma armadilha da escuta é sua característica colonizadora, a partir da ideia de que um sabe e o outro irá aprender. Nada mais arcaico em nosso meio, apesar de ser extremamente comum. Em um mundo complexo, é preciso fugir de pré-concepções ou compreensões rasas e apressadas.

Não entendemos tudo, não entendemos o outro. Nos resta escutar, pois a fala do outro é o único caminho para mostrar elementos que estavam escondidos e eram estranhos à nossa subjetividade. A ideia de que alguém está com a razão deve ser superada. Em um diálogo, os dois podem estar equivocados. Não devemos cair em dois monólogos. A essência da comunicação são os resquícios, o que não foi concluído, os mal-entendidos. Uma boa escuta é aquela que consegue suportar a incerteza, que produz, em algum grau, angústia e uma nova experiência, aberta. Escutar o outro é renunciar a si mesmo e perceber que o mundo é maior do que nós. Somente assim podemos evoluir e alcançar um estado de empatia verdadeiramente.

A FÉ NO MUNDO ATUAL

Um questionamento frequente em nossos tempos é como a fé deve ser vivida. Será que ela pode ser entendida como "muleta" para as nossas vulnerabilidades? Ou talvez esteja mais próxima da função de fornecimento de sentido à existência. Sem dúvida, ela pode ser vivida em sua dimensão existencial, como uma forma de estar no mundo. Nessa hipótese, é preciso então que possa conciliar com aquilo que, na estrutura da existência, constitui as condições de possibilidade de sua recepção. A questão, nos tempos atuais, não é tanto saber como, no interior da existência humana, a fé em Deus pode se harmonizar com o cuidado com as realidades terrestres, mas sim compreender qual é o sentido e o papel do trabalho cultural terrestre no conjunto do plano divino de criação e de salvação. É um problema mais existencial e menos racional, pelo menos quando se trata de uma razão absoluta. O filósofo cristão belga Jean Ladrière nos mostra que, em relação ao destino da razão, a fé deve tornar-se uma instância justificadora, isto é, capaz de dar uma base à esperança que sustenta a experiência da razão; em outras palavras, capaz de fundamentá-la ou de dar sentido ao empreendimento da razão. E, em relação ao desamparo, a fé deve tornar-se portadora dessa condição, sendo capaz de fazê-la suportável, o que só é possível se for uma promessa de libertação (LADRIÈRE, 169, 2008).

O teólogo suíço, professor da Universidade de Friburgo, na Suíça, padre François-Xavier Amherdt, alerta que a multiplicação de células de solidariedade e intercâmbio se coloca como um dos principais desafios da evangelização em nossa era pós-moderna de indiferença, globalização liberal desenfreada e ansiedade pelo futuro. É na base que se pode discernir o chamado de cada um, que se pode estabelecer pedagogias de apoio às vocações, em articulação com as autoridades e os responsáveis eclesiais. "É somente através de uma Igreja de proximidade 'tecida' (do latim *textus*) segundo uma espiritualidade de rede (teia) que cada pessoa pode se deixar gerar pelo Espírito em sua identidade humana e espiritual".

A temporalidade humana se articula por dupla via: pela dimensão privada, no sentido em que uma vida se desenrola com uma história temporal própria e pela dimensão pública, em que a individualidade garante presença na história, entendendo por "presença na história" o reflexo da vida do outro na vida particular de um indivíduo. Sem supormos uma perda de identidade nesse fato, constatamos que, no entanto, essa inter-relação, se verdadeira, acabaria por inviabilizar o absoluto da transcendência do Ego, já que o indivíduo só se torna temporal e, portanto, histórico, pela inscrição na história do outro.

O Papa Francisco recordou que o Evangelho nos diz que Jesus não é um "fantasma", mas uma pessoa viva, que este, quando se aproxima de nós, nos enche de alegria ao ponto de não acreditarmos e nos deixa atônitos com aquele estupor que somente a presença de Deus nos dá, porque Jesus é uma pessoa viva. Ser cristão – continuou o Santo Padre – não é, antes de tudo, uma doutrina ou um ideal moral, é uma relação viva com Ele, com o Senhor Ressuscitado: "olhamos para Ele, tocamos n'Ele, nos alimentamos d'Ele e, transformados por Seu Amor, olhamos, tocamos e alimentamos os outros como irmãos e irmãs. Que a Virgem Maria – concluiu – nos ajude a viver esta experiência de graça".

SABEDORIA, AMOR E PAZ: FRATERNIDADE E ALTERIDADE

Em momentos de guerra, não tem como não ficarmos espantados pelas cenas de horror e barbárie, de sofrimento, destruição e genocídios. O povo sofre, os refugiados se multiplicam. Em pleno século XXI, não acreditamos ser possível presenciar um conflito que possa tomar proporções tão enormes, concretizado pela falta de habilidade democrática das nossas instituições, além do contraste de pensamento de parte do mundo, que não se situa dentro de um horizonte de democracia e pluralidade.

Após a Segunda Guerra Mundial, diversos filósofos se perguntavam sobre o porquê do holocausto, da ascensão de regimes sangrentos e totalitários e, sobretudo, o que teríamos aprendido com a História e como poderíamos evitar novos eventos do tipo. É verdade que a criação da ONU e a consolidação de tratados de direitos humanos e avanços no direito internacional e humanitário propiciaram um fortalecimento da democracia e do consequente diálogo. Por outro lado, em diversos momentos e contextos, regimes democráticos são atacados pela via das decisões não-racionais, pelos afetos e, sobretudo, pelo medo e pelo ódio. A xenofobia é um exemplo disso. A falência das democracias europeias que, em sua maioria, lidam bem com a liberdade, mas não com a fraternidade.

Qualquer ato contra a vida, inserido em ideologias, religiões ou políticas totalitárias ou democrática exemplifica a barbárie e o fracasso da humanidade. Quando o Estado (mínimo) permite a existência de pessoas vivendo sem o mínimo necessário à sua dignidade, sem moradia, comida, educação, aí está a barbárie! Também quando um regime fuzila pessoas que se colocam politicamente contrárias ao seu regime, também está aí a barbárie!

Theodor Adorno, filósofo alemão contemporâneo, afirmou que o mais urgente para pensarmos é uma educação que, de todas as maneiras, evite um novo holocausto, um novo Auschwitz. Como fazer isso em termos globais hoje? Certamente não será por uma via de isolamento e ausência de diálogo. Todo movimento contrário à democracia, à ciência e a uma globalização efetiva não se colocam como vias eficazes. Logicamente, democracia e globalização devem andar juntas, de modo que os problemas globais sejam enfrentados de forma real, efetiva e verdadeiramente conjunta. A economia global, empresas e agentes financeiros, não podem ignorar os problemas sociais, as feridas à democracia e à vida. Um regime que tire a vida de forma banal não deve ser considerado da mesma maneira em negociações. É preciso limitar as hipocrisias. Temos que condenar todos os sistemas totalitários, sejam aqueles motivados por critérios fundamentalistas religiosos, sejam aqueles baseados em ideologias. O problema não é a globalização em si, mas sim o fato dela ser motivada apenas pela esfera econômica. Nacionalismos, extremismos, xenofobia devem ser constantemente desconstruídos. O sentimento proveniente da existência do Estado-Nação deve dar lugar àquele originado de uma solidariedade universal.

Paul Ricoeur, filósofo francês, afirma que, diante de situações-limites, nos aproximamos. É a partir do testemunho de Lucie Hacpille, médica de cuidados paliativos, que essa distinção se opera claramente para o filósofo. De acordo com a médica, os doentes prestes a morrer não têm a percepção de si mesmos enquanto "moribundos", isto é, como quem vai morrer daí a pouco, mas antes como "ainda vivos", ainda que não mais estejam que há alguns minutos do seu falecimento. Para o "agonizante", "ainda estar vivo" significa a emergência da mobilização dos recursos mais profundos da vida, que lhe permitem ainda se afirmar. Ela é, por assim dizer, o "Essencial" na trama do tempo da agonia. Esse "Essencial" que é, em certo sentido, o religioso, ou o religioso em comum, o qual transgride as limitações consubstanciais ao religioso confessional e confessado no limiar da morte. Em momentos de sofrimento dos povos, nos aproximamos em Espírito. Esse momento de mobilização é um momento de graça interior. Ele remete a aparição da "coragem de estar vivo até à morte" quando a vida se escreve, face à morte, com um V maiúsculo. Contudo, pensar esse momento e a sua força é também correr o risco de resvalar para a literatura sobre as experiências místicas, por isso mesmo é preciso saber e, simultaneamente, dar mostras de alguma desconfiança, enquanto se acolhe a graça interior de um determinado morrer.

Ricoeur atesta o "olhar" da "compaixão" daqueles que lutam juntamente ao agonizante e os que o acompanham até à morte (Ricoeur 2007, 41). Esse "olhar" diferencia-se daquele que vê o agonizante como um moribundo que em breve deixará de viver. Não é também o do espectador que já se adianta à morte: esse "olhar" também vê o agonizante como "ainda vivo". Também ele faz um apelo aos recursos mais profundos da vida, como se fosse levado pela emergência do "Essencial" na sua vivência de ainda-vivente. A "compaixão" não significa aqui somente o "sofrer-com", mas também o "lutar-com" e o "acompanhamento" (ibid.); ela torna possível a partilha de um movimento de transcendência íntima. Ricoeur desenvolve, de forma bastante fina, o "acompanhamento" do "agonizante" como "amizade no morrer acompanhado".

É o que estamos presenciando na Ucrânia. O Papa Francisco enfatizou o drama e a realidade do conflito: "Rios de sangue e lágrimas correm na Ucrânia, não se trata apenas de uma operação militar, e sim de uma guerra que semeia morte, destruição e miséria" (Angelus, 06/03/2022). Como não se comover com famílias sendo separadas? Hospitais sendo bombardeados? Com o número crescente de refugiados, pessoas tentando desesperadamente sair do país, deixando suas casas, suas vidas, suas lutas diárias? Não, a Rússia e seu sistemas totalitários, bem como os que a apoiam, não encontram em lugar algum justificativa plausível às atrocidades. Assim como não encontram os sistemas totalitários sírio, saudita, dos Emirados Árabes (que bombardeiam o Iêmen incessantemente, gerando destruição, morte, fome, caos) ou da China (que oprime a minoria muçulmana que vive em seu território). Sistemas que impedem a liberdade ou não permitem a igualdade são fracassados. Sim, são muitos os exemplos nesses casos. O mundo fracassa, mas não é uma condição natural; é possível a mudança. Um outro mundo é possível!

A educação deve contribuir para a efetivação desse processo. Por mais filosofia e menos educação "moral" e cívica. Por mais crítica, reflexão, humanismo e menos tecnicismos limitados. Alteridade deve ser a palavra-chave da educação no século XXI.

Se há relações, se inaugura o rompimento da totalidade da guerra; significa interromper a guerra e inaugurar o novo, o escatológico. Assim, surge uma relação originária com o ser, no interior da experiência. Escapa-se, dessa forma, do ser impessoal que propôs Heidegger. Lévinas propõe aqui a Escatologia da Paz Messiânica, na ordem da experiência, da linguagem, da política e dos totalitarismos. Dentro da ontologia é possível verificar uma relação entre os sujeitos que, ao falarem, aniquilam as diferenças.

Assim, nosso pensador está em um caminho oposto a Hegel, que supõe o caminho do conceito e da consciência, rumo a uma totalidade e um fim. No Estado, os sujeitos são "impessoalizados". É preciso se voltar para o encontro com o outro, acontecendo uma acolhida. O *Eschaton* vem justamente do encontro com o outro.

O Infinito ou Deus não se comunica de maneira imediata, mas sim mediata, no face a face com o outro. Não foi a expressão "face a face" herdada da linguagem bíblica? Mas na Bíblia trata-se do face a face com Deus. Face a face vivido por Moisés (Ex 33, 11: "O Senhor falava com Moisés, face a face, como se fala a uma pessoa"), desejado pelo salmista (Sl 13, 2; 17; 15), mas, na maior parte das vezes, recusado: "não podes ver minha face pois o humano não pode me ver e continuar em vida" (Ex 33, 20; 33, 23). Esse face a face com Deus é transposto por Lévinas como "face a face com o outro". O rosto do outro não é da ordem do visível, nem mesmo do ver. Ele não é a figura cujos traços da boca ou dos olhos eu possa detalhar. Ter acesso ao rosto não é observá-lo, contemplá-lo, subtrair-lhe o rosto. O rosto é da ordem da palavra. Ele significa não como uma figura sobre um fundo, mas sem contexto, independentemente de seus contextos social, racial, cultural ou religioso, independentemente de sua carteira de identidade ou de seu passaporte. Ele enuncia um mandamento: "não matarás" ou "não cometerás assassinato".

PAIS E FILHOS: GRATUIDADE EM TEMPOS DO "EU"

Os vazios das relações do passado estão presentes, devem ser escutados e, sobretudo, não reproduzidos. Escutar os filhos, propor caminhos, estar junto, são fórmulas saudáveis de recentes gerações. O pai não deve mais ser figura de provedor exclusivamente, não deve se ausentar da dimensão afetiva. Mães podem manter suas atividades profissionais, servindo de inspiração e exemplo aos seus filhos. As ausências e os vazios, reflexos da falta de tempo, podem ser supridos qualificando o próprio tempo; as ausências advindas da frieza devem ser, em algum momento, arduamente elaboradas. A mudança fundamental é que hoje temos vários caminhos para lidar com a educação dos filhos, não existe uma fórmula pronta, precisamos descobrir práticas ao longo do processo. Só assim podemos respeitar a individualidade deles. Dois seres humanos não podem ser educados exatamente da mesma maneira, cada um é único e singular em sua subjetividade.

Por isso, os caminhos do educar e do afeto podem se mostrar bons, enquanto outros nem tanto. É possível perceber o erro, as projeções de traumas e recomeçar. Aqui entra a beleza do perdão. Pedir perdão aos filhos é um gesto inesquecível, que eles levarão para sempre, até o último dia de sua existência, e permitirá um sublime encontro com a liberdade.

O desvendar dos universos dos filhos é uma dimensão riquíssima, que pode engrandecer os sujeitos e as suas diversas atuações no mundo, inclusive no trabalho (pessoas criativas não costumam ser autoritárias, pois entendem diversas possibilidades para um problema) e na sociedade (pois é um excelente exercício de tolerância).

É muito gratificante ver os efeitos da nova paternidade, por exemplo. Ver aqueles que amamos sendo livres e construindo uma vida feliz e apaziguada é algo que podemos afirmar estar próximo ao sublime. É uma existência fundamentada no perdão, na tolerância e na possibilidade de amor verdadeiro.

No entanto, nossa sociedade cada vez mais se distancia dessa realidade. Ter filhos é afirmado por muitos como uma forma de perder a autonomia e a liberdade. Em uma cultura cada vez mais ancorada no narcisismo e no individualismo, muitos não querem "descentrar-se de si mesmos". Claro que é uma opção, resultado de uma sociedade livre em sua consciência. No entanto, é preciso refletir se tais decisões não são resultado desse fechamento antropológico ou mesmo de traumas a serem elaborados. Imaginar que podemos determinar nossas vidas e nossos desejos é um ato neurótico. Além disso, apostar mais na ausência de relações e de afetos não será jamais um melhor caminho para a humanidade. A vida, a alteridade, a gratuidade sempre serão antídotos contra o egoísmo.

Mais recentemente, em sua primeira audiência geral de 2022, Papa Francisco chamou a atenção para o fato de as pessoas estarem cada vez mais substituindo filhos, não querendo assumir responsabilidades afetivas. "Hoje vemos uma forma de egoísmo. Alguns não querem ter filhos. Às vezes têm um e param por aí, mas têm cães e gatos que ocupam esse lugar. Isso pode fazer as pessoas rirem, mas é a realidade", afirmou. "A negação da paternidade e da maternidade nos diminui, tira nossa humanidade, a civilização envelhece", afirmou.

O individualismo não deve impedir a vivência de gratuidades e dimensões profundamente humanas em nome de uma liberdade individual. Uma liberdade que aliena o ser humano em seus processos de abertura às alteridades é uma liberdade limitada. A sociedade europeia, de um modo geral, vive esse processo de individualismo, que resulta, inclusive, em um trágico isolamento dos idosos, pais e avós de gerações criadas a partir do individualismo. Segundo o professor e reitor da Universidade Católica Portuguesa (Braga), João Duque:

> "A noção de disponibilidade parece resumir o paradigma da relação do sujeito ao mundo – incluindo os outros e a si mesmo – típico da modernidade [...]. Isso implica, por um lado, uma concepção do sujeito como objeto disponível sem limites; e implica, sobretudo, uma concepção

do humano com base na sua capacidade precisamente para tornar tudo disponível" (DENTZ, R.; FERREIRA, D. V., 2020, p. 52).

EXISTIMOS NO INFINITO

Muitas vezes algumas pessoas esperam sair do processo de análise, de uma sessão, com alguma definição: será que sou neurótico? Bipolar? Que tipo de psicopatologia me define?

Será que rótulos e conceitos nos definem? Diria o filósofo francês Michel Foucault: "os conceitos são totalitários". De fato, conceituar é limitar e padronizar sujeitos. Quando abordamos as dimensões inconscientes, os conceitos são extremamente insuficientes e não revelam muito. De fato, é necessário saber sobre nós mesmos para nos situarmos no mundo. No entanto, isso não quer dizer buscar incessantemente e encontrar rapidamente definições. O sujeito está no mundo, está sendo, em fluxo. Não somos definições, porque estas pretendem parar o fluxo de nossa temporalidade. No âmbito físico, é claro, podemos ver com mais facilidade as definições de processos. No campo psíquico, os processos se complexificam. O ser humano se apresenta enquanto fenômeno, portanto, enquanto ação. Um corpo, por exemplo, que não está no mundo, é apenas um cadáver. Estamos e somos enquanto agimos, e nossa ação é única. Por isso, as definições mais atrapalham do que ajudam, pois artificializam as ações. Existem pessoas que buscam as definições pessoais e conduzem sua vida e suas ações a partir dessas definições, como se tivessem encontrado uma espécie de "natureza" essencial. Ora, não passa de ilusão.

Por isso, mesmo no campo da sociedade, as definições são limitadas. Identificar sujeitos com grupos e limitá-los a eles pode ser um posicionamento violento, totalizante. As propostas totalitárias do século XX, como o nazismo, fizeram justamente isso. Dessa forma, é possível pensar que as definições sociais também são insuficientes, e precisamos dar conta disso. É evidente que temos influências e identidades sociais que foram fruto de uma construção, mas nenhuma identidade pode ser entendida como definitiva e definidora.

O caminho de pensar o humano para além das definições é urgente para evitarmos novos totalitarismos e posicionamentos violentos em relação aos outros. Por que não deixamos o outro ser como ele mesmo? Muitas vezes a resposta para essa pergunta está em: o outro me afeta, me tira do meu lugar comum ou da minha zona de conforto. É preciso refletir sobre o ser humano a partir de estruturas de pensamento livres. Se tentamos conceituar tudo, limitamos a temporalidade e a ambiguidade antropológicas.

Emammuel Lévinas, um dos mais importantes filósofos contemporâneos, alertava para a necessidade da construção de uma proposta de um novo humanismo, o "humanismo do outro Homem". O humanismo ocidental não se mostrou suficientemente humano. O humano se desconfigurou na medida em que foi incluindo um individualismo. Não é possível pensar o humano fora da relação com o outro, não do outro imaginado, mas concreto, com um rosto, que se interpõe ao sujeito. O sentido fundamental do humano está na ética, não no conhecimento do outro. Toda vez que tentamos conceitualizá-lo e categorizá-lo, o violentamos. O outro está para além de qualquer conhecimento totalitário, ele ressoa no infinito, para além da palavra, do pensar, da razão e "me coloca para fora de mim". Aqui estamos na dimensão da hospitalidade, do acolhimento. O humano está na tenda, pois não arma uma estrutura fixa no mundo, mas uma que vive em peregrinação. O outro e nós somos peregrinos. Só quando atestarmos essa dimensão, encontremos a paz.

GRATIDÃO

Normalmente, o ser humano esquece de agradecer pelo que tem e presta atenção apenas no que não tem, no que falta em sua vida. Essa atitude é muito comum nos nossos dias e é uma das maiores causas da infelicidade moderna. Podemos colocar nossa atenção e interpretar nossa própria vida de diversas formas. O que temos não é apenas uma vida, mas suas várias versões. Claro que, muitas vezes, não damos conta das belezas do nosso dia a dia porque algum elemento do passado nos impede, algum trauma que vicia nossa perspectiva. Quando isso ocorre, precisamos buscar nossa libertação, elaborando tais traumas. Se não conseguimos sozinhos, podemos pedir ajuda profissional.

A felicidade, antes de tudo, é um ato de gratidão pela vida. Quando chegamos a um momento e podemos agradecer, quando de fato temos gratidão pela vida, encontramos alguma coisa próxima à felicidade. Podemos ver o copo cheio ou vazio. Algumas pessoas aparentemente possuem tudo, mas tem uma percepção de que ainda possuem pouco; concentram sua visão na falta. Outros não possuem muito, mas valorizam cada conquista.

A nossa vontade está muitas vezes voltada àquilo que nos falta. Quando alcançamos o objeto de desejo, ele não nos falta mais, deixamos de ter interesse e a felicidade evapora. O filósofo francês André Sponville nos mostra que existe uma ideia de insatisfação construída pela sociedade contemporânea. Somos levados, em diversos momentos, a querer o que nos falta, não a querer a partir do que temos. Claro, podemos sempre querer, sair do lugar de inércia. Mas precisamos querer bem, de forma reflexiva e consciente, a partir do que somos. Essa dinâmica desejante é o modo com que o homem encara sua vida, e, sem a sabedoria e a reflexão, não é capaz de fugir desse círculo ingrato que desconfigura a felicidade assim que tomamos posse do que nos faltava. O desejo irrefletido é uma constante armadilha: quando conquistamos seu objeto, queremos mais. A falta está sempre aparente.

O desafio é desenvolver a sabedoria para sermos felizes com o que temos e, somente assim, alcançar um estado de gratidão; caso contrário, não faremos mais do que reclamar de tudo e de todos. Sponville chama isso de "Felicidade em ato": desejar o que temos, o que fazemos, o que é – o que não falta.

Por isso, caro leitor, cara leitora, é um ato de sabedoria agradecer e elencar os bons momentos e os bons feitos de nossas vidas. Vamos tentar deixar para um momento posterior, de menor importância, o que nos falta. E se o que nos falta é, de fato, real, o nosso real.

REFERÊNCIAS

AGAMBEN, Giorgio. *Homo Sacer: o poder soberano e a vida nua I*. Belo Horizonte: Editora UFMG, 2007.

BÊTA, Janaína Laport. *Madras - Arte e Sagrado em Arthur Bispo do Rosário*. Rio de Janeiro: Tempo Brasileiro, 2013.

BIRMAN, Joel. *Mal-estar na atualidade*. Rio de Janeiro: Civilização brasileira, 2001.

_____. *O sujeito na contemporaneidade*. Rio de Janeiro: Civilização brasileira, 2021.

BORGES, Jorge Luís. *História da Eternidade*. Rio de Janeiro: Globo, 2001.

DERRIDA, Jacques. *Margens da filosofia*. Campinas: Papirus, 1991.

FERREIRA, Dom Vicente; DENTZ, René (orgs.). *Horizontes de Perdão*. São Paulo: Ideias e Letras, 2020.

FREUD, Sigmund. *Além do princípio do prazer*. São Paulo: LP&M, 2018.

HARARI, Yuval Noah. *21 lições para o século XXI*. São Paulo: Cia das Letras, 2019.

LADRIÈRE, Jean. *Fé cristã e o destino da razão*. São Leopoldo: UNISINOS, 2008.

RICOEUR, Paul. *A memória, a história e o esquecimento*. Campinas: Editora da Unicamp, 2007.

Esta obra foi composta em sistema CTcP
Capa: Supremo 250 g – Miolo: Pólen Soft 70 g
Impressão e acabamento
Gráfica e Editora Santuário